수업 잘하는 교사는
루틴이 있다

교사 교육과정과 역량중심수업의 모든 것

수업 잘하는 교사는 루틴이 있다

유영식 지음

테크빌교육

차례

2장 미래교육, 역량중심수업으로 말한다

3장 수업루틴

4장 수업루틴, 교사 교육과정을 만들다

5장 과정중심평가로 마무리하는 수업루틴

프롤로그

최근 십 년 사이 과거와는 다르게 유난히 많은 교육과정 분야의 정책과 용어들이 생산되었다. 역량기반 교육과정, 교사별(교사수준) 교육과정, 교육과정-수업-평가-기록 일체화, 교육과정 문해력, 교육과정 재구성, 배움중심수업, 과정중심평가, 성장중심평가 등 수많은 용어와 정책들이 만들어졌다. 이와 더불어 미래교육·4차 산업혁명 등의 이야기를 하면서 결국은 미래 핵심역량을 키울 수 있는 교육을 해야 한다고 이야기한다.

모두 의미 있는 말들이고, 교육이 나아가야 할 방향이기는 하다. 문제는 방향만 제시되고 있다는 것이다. 이 방향에 맞게 실행하고 실천으로 옮기는 것은 교사와 학생의 몫이다. 이 정책들의 최종 도착지점은 수업이기 때문이다.

교육과정-수업-평가-기록 일체화는 수업에서 평가를 담아내고 수업의 성장 장면들이 기록되어야 하는 것이다. 교육과정 재구성? 교육과정 재구성 계획은 쉽게 수립할 수 있으나 이를 수업에서 구현해낼 수 있느냐가 관건이다.

과정중심평가는 수업 과정 중 평가가 이루어진다. 핵심역량을 키우기 위해서 역량기반 교육과정이 만들어져야 한다고 한다. 좋은 말이다. 역량기반 교육과정이라는 이름을 붙이고 누구나 종이로 만들 수 있다.

실천은? 수업에서 해야 하는 것이다. 그런데 역량을 키울 수 있는 수업은 무엇이고, 어떻게 만들어져야 하며 이를 위해 기존의 수업이 어떤 식으로 바뀌어야 한다고 명확히 제시할 수 있는 사람을 만나본 적 있는가?

누구나 말로는 "이러이러한 것을 따라야 한다", "이게 좋은 것이다" 하고 정책으로 만들어 놓지만, 구체적인 실천이 어떻게 이루어져야 하는지를 제시하지는 못한다. 쓰레기통에 휴지조각 쌓이듯 수업에서 이 모든 새로운 것들을 받아내야 하는 현실이다.

그러나 학교 현장은 이 많은 것들을 수업에서 구현해낼 수 있는 준비가 되어 있지 않다. 이제는 이 많은 것들을 어떻게 수업에서 구현해내어야 할지 실천의 관점에서 정련화하고 가다듬어야 할 때이다.

이를 위해 이 책의 1, 2장에서는 먼저 최근 교육의 방향을 담아내고 역량을 키울 수 있는 수업이 무엇인지 분석해보았다. 그리고 이를 실천할 수 있는 방안으로 3장에서 수업루틴 만들기를 저자의 실제 실천사례를 통하여 제시하였다. 수업루틴을 만들기 위해서는 교육과정을 알아야 한다. 이를 위해 4장에서 교사 교육과정 이야기를 다루었다. 마지막 5장에서는 평가를 일상적 수업 활동으로 루틴화하여 활용할 수 있는 방안에 대하여 제시하였다.

책에서 언급되는 많은 그림의 의미를 되새겨보고, 실천방안을 교실로 구현해내어 이 책을 읽는 선생님들 모두 교사 교육과정, 역량중심수업 디자이너가 되길 바란다.

추천의 글

『수업 잘하는 교사는 루틴이 있다』는 현장교사만이 할 수 있는 수업에 대한 구체적인 실천의 고민이 담긴 책입니다.

멋을 부린 화려한 문장으로 글솜씨를 뽐내려 하지도 않았습니다. 거창한 수업이론을 들여놓지도 않았습니다. 그저 전문적 학습공동체 모임에서 동료 교사에게 수업에 대한 자신의 고민과 사유를 툭툭 말을 걸듯 건네고 있어, 질그릇같이 투박하지만 더할 나위 없이 진솔하게 느껴집니다. 다시 말하면 교육과정-수업-평가의 변화를 대하는 교사의 자세를 알기 쉽게 자세히 풀어 놓고 있습니다. 그래서 이 책이 편안하게 느껴집니다.

그러나 그 속에는 수업에 대한 매우 정교하고 깊이 있는 철학이 담겨 있음을 알 수 있습니다. 이 책은 교육청에서 교육과정, 수업, 평가 관련 정책을 추진하면서 수많은 연수와 세미나 등을 통해 만난 교사들에게 나 자신이 얼마나 추상적이고 선언적인 담론을 펼쳐왔던가 하는 반성을 하게 해 주었습니다. 한편으로는 이런 진정성 있는 실천과 나눔이야말로 원래부터 교육현장의 실천가이자 연구자인 교사의 몫이 아니었던가 하는 생각으로 위안을 삼기도 합니다. 이러한 솔직하고 현실적인 수업이야기 보따리는 현장에서 아이들과 부대끼며 부단히 자신을 성찰하지 않고서는 나올 수 없는 것임에도 불구하고 그동안 우리는 교사를 단순히 실천가로 바라보는 관점이 지배적이었음을 반성하지 않을 수 없습니다. 따라서 최근에 교사들이 자신의 실천 경험을 글로 쓴 출판물이 늘어나는 현상이 반갑기만 합니다.

이 책에서 저자는 수업과정에서 교사 개인의 철학, 수업 성향 등이 성취기준 도달을 위한 본인만의 흐름과 순서를 만들어낸다고 말하며, 이를 수업루틴이라는 조어로 표현하고 있습니다. 일회성 보여주기식 장학수업을 외식으로, 수업루틴을 집밥으로 표현한 것도 마음에 와닿습니다. 그리고 실제로 본인이 실천을 통해 체계적으로 정리한 역량을 키우는 수업루틴 6가지(배움과 만나다, 생각을 나누다, 생각을 모아 구름을 만들다, 생각의 비가 내리다, 배움을 표현하다, 배움, 세상을 만나다)를 구체적인 사례로 소개하며 배움의 계단을 쌓아가는 방법을 나누고자 함이 돋보입니다. 이런 수업루틴이 모이면 교사 교육과정이 만들어지며 이는 결국 우리가 추구하고 있는 교육과정 담론의 마침표가 될 것이라는 발전적 설계에 특히 공감이 갑니다.

좀 더 나은 수업에 대한 고민은 교단을 지키는 교사에게는 숙명과도 같은 것이라고 생각합니다. 유영식 선생님의 아낌없는 수업나눔을 담은 이 책이 스스로 성장하고자 노력하는 많은 교사에게 친근하게 말을 걸며 힘이 되어 줄 수 있기를 바랍니다.

백윤희(세종특별자치시교육청 중등교육과 장학관)

추천의 글

이 책은 미래를 살아갈 학생들에게 왜, 무엇을, 어떻게 가르쳐야 할지 고민하는 이 시대 교사들에게 명쾌한 해답과 열쇠를 제시하고 있습니다.

저자가 말한 '본인만의 수업루틴을 가진 교사는 한 차시 남을 보여주기 위한 특별한 외식과 같은 수업을 잘하는 교사가 아닌 평상시 집밥과 같은 수업을 잘하는 교사'라는 의견에 전적으로 동의합니다. 역량기반 교육과정, 교사별 교육과정 등 교육과정 용어의 범람 속에서 자신만의 집밥 수업루틴을 갖춘다면 시대가 요구하는 교사로 자리매김하고, 미래 사회를 살아갈 역량을 갖춘 인재로 매일 성장하는 학생들을 마주하게 될 것입니다.

저자의 배움탐구, 배움표현, 배움활용으로 구조화한 '배움계단 수업모형'은 수업 준비부터 배움의 마무리까지 구체적인 실천 사례를 제공합니다. 교육의 방향과 수업의 변화를 꿈꾸지만, 막상 교실에서 무엇부터 어떻게 실천할지 막막했다면 '배움계단 수업모형'을 통해 그 실마리를 찾는 것은 어떨까요? 저자의 실천 사례는 대한민국 교사들에게 자신만의 수업루틴을 구체화할 용기를 줍니다. 차근차근 하나씩 실천하며 머릿속으로 그려보는 순간, 이미 선생님은 미래 교실이 필요로 하는 수업전문가로서의 첫걸음을 시작하게 될 것입니다.

박을순(통영교육지원청 장학사)

1장

·

이제는 수업에 대한
모든 것을
바꾸어야 할 때이다

이 시대가 원하는 수업

지금은 인공지능(AI), 로봇 기술, 사물인터넷(IOT), 빅 데이터의 축적과 활용, 생명과학기술(Bio Technology) 등으로 대변되는 4차 산업혁명 시대에 들어서고 있다고 한다. 이러한 산업기술의 발달에 따라 우리 사회의 모든 것들이 빛의 속도로 변화하고 있다. 교육 또한 이러한 시대적 조류에 의하여 많은 변화의 압박을 받고 있으며, 교육과 관련된 모든 곳에서 '미래교육'에 관해 이야기하고 있다.

학교 공간 혁신, 교육생태계 확장, 인공지능(AI) 등 최신 테크놀로지 활용 교육 등 수업과 관련된 다양한 방면에 걸쳐 미래교육에 관한 담론들이 형성되고 있다. 하지만 미래교육 담론 중 가장 핵심적인 부분은 학생들에게 어떠한 교육을 할 것인가이다.

지식중심교육이냐, 역량중심교육이냐. 아직도 논란의 여지는 있지만,

과거 학문중심교육의 목적인 지식 전달 중심의 교육에서 꼭 필요한 지식들을 활용하여 무엇인가를 할 수 있는 역량중심교육으로 우리 교육의 방향성이 바뀌고 있는 것은 자명한 사실이다.

이러한 미래사회에 필요한 역량을 키울 수 있는 교육에 가장 큰 영향력을 미치는 것은 학교 교육이다. 그럼 학교 교육에서 가장 핵심은 무엇일까?

바로 수업이다. 아무리 교육생태계가 확장되고, 최신의 교육공학기술을 도입한 에듀테크 활용 교육을 하더라도 우리 학생들에게 1년 1000시간 이상 보내는 수업의 영향력에는 미치지 못한다.

결국 미래교육의 핵심은 역량중심교육이라는 방향성 아래 그동안 지식중심교육에 맞추어졌던 수업에 관한 모든 것들을 어떻게 새롭게 바라보고 맞추어갈 것인가에 대한 출발에서부터 시작해야 한다. 이에 대한 고민의 답이 이 시대, 그리고 미래가 원하는 수업이 될 것이다.

수업授業의 시대는 가고, 수업修業의 시대가 오다

수업(授業)
교사가 학생에게 지식이나 기능을 가르쳐 줌.

(출처: 표준국어대사전)

수업의 한자어를 분석해보면 위와 같은 의미를 갖고 있다. 일반적으로 학교에서 교사가 학생에게 지식이나 기능을 가르쳐주는 행위를 수업이라 부른다. 언제부터 한자어로 '수업(授業)'이라는 단어가 사용되었는지 알 수 없지만 수업에 대한 위 한자어를 이제는 비판적 관점에서 바라볼 시점이다.

현재와 같은 학교시스템이 처음 나타난 시기는 1차 산업혁명 시기이다. 산업혁명이라는 사회에 필요한 인재를 짧은 시간에 대량으로 교육하여 만들어내기 위해 현재의 학교시스템이 만들어졌다. 이때 학교에서 이루어지는 수업은 다양한 지식을 빨리 전달하는 특징을 갖고 있었다. 따라서 위 국어사전에서 제시된 한자어와 같이 받을 수(授) 자를 따와서 수업(授業)이라 명명하는 것이 수업의 특징을 잘 표현하는 것이었다.

하지만 지금 사회는 1차 산업혁명 시기가 아닌 4차 산업혁명 시기이다. 4차 산업혁명의 시대가 원하는 인재상은 단순한 지식들을 많이 알고 이를 재생해내는 인재에서 나아가 응용적 · 생성적 · 창조적 지식과 미래사회에 필요한 핵심역량을 갖춘 인재를 필요로 하고 있다. 따라서 학교 교육의 방향 또한 이러한 응용적 · 생성적 · 창조적 지식, 역량을 갖춘 교육으로 바뀌고 있다.

이러한 역량중심교육은 교사와 학생이 직접 만나며 학생들이 가장 많은 시간을 할애하는 수업이라는 시간과 무대에서 이루어진다. 학생들에게 역량을 갖추게 하기 위해서는 '교사가 학생에게 지식이나 기능을 가르쳐주는 역할'을 하는 수업(授業)으로는 불가능하다. 가르침을 바탕으로 자기 생각을 만들어 응용하고 생성하고 창조하여 실생활에 활용할 수 있도록 '익히고, 연구하고, 수업에 참여하는 친구들의 생각, 선생님의 생각을 엮어 만드는 활동'이 주가 되어야 한다.

이처럼 역량중심교육과 미래교육에서의 수업의 의미를 다시 한번 생각해보면 다음 두 가지 '수'의 의미 중 어떤 한자어를 수업의 의미로 사용해야 할지 분명해진다.

줄 수(授): 주다, 수여하다, 전수하다

닦을 수(修): 익히다, 연구하다, 엮어 만들다

授業은 주는 일, 수여하는 일의 의미로 교사가 주어가 되는 용어이다. 용어 자체가 교사 중심의 의미이다. 修業은 익히는 일, 엮어 만드는 일로 풀이된다. 授業과는 반대로 학생이 주어가 되는 용어이다. 가르침이 주가 되는 과거 수업은 교사가 중심이 되어 지식을 잘 전달하기 때문에 授業으로 표현하는 것이 맞다. 하지만 학생의 배움이 주가 되어 역량을 키우는 수업에서는 학생이 주어가 되어 修業으로 표현되어야 한다.

지금까지 이야기를 종합해보았을 때, 이제 수업을 표현하는 한자어는 授業에서 修業으로 바뀌어야 하지 않을까?

역량, 수업을 흔들다

교육의 무게 중심이 지식·학문 중심에서 역량 중심으로 이동하고 있다. 하지만 역량을 키우는데 가장 큰 영향을 미치는 '역량을 키우는 수업'에 대한 논의는 부족하다. 4차 산업혁명 시대를 맞아 역량을 키울 수 있는 수업을 해야 한다는 선언적 의미에서만 담론이 형성되고 있고 구체적으로 역량을 키우는 수업이 무엇이며, 어떻게 해야 하는지에 대한 논의는 부족하다. 역량을 키울 수 있는 수업을 논하기 위해 살펴본 역량의 의미는 다음과 같다.

DeSeCo(2003)	특정 맥락의 복잡한 요구를, 지식과 인지적·실천적 기능뿐만 아니라 태도·감정·가치·동기 등과 같은 사회적·행동적 요소를 가동시킴으로써 성공적으로 충족시키는 능력
소경희(2007)	특정 맥락의 복잡한 요구를 성공적으로 충족시킬 수 있는 능력

백남진·온정덕 (2014)	지식을 습득한 상태보다 지식을 활용할 수 있는 능력에 주목하기 있기 때문에 '학습의 결과'로서 '수행능력'을 강조하는 개념
OECD교육 2030프로젝트	복잡한 요구를 충족시키기 위해 지식, 기능, 태도와 가치를 동원하는 능력

〈역량의 개념 정리〉

    역량에 대한 여러 정의들을 종합해보면 공통적으로 머릿속에서 아는 것으로 끝나는 것이 아닌 머릿속에 있는 것을 활용하여 무엇인가를 할 수 있는 것이라는 공통적인 의미를 갖고 있다. 지식만을 교육하는 것이 아닌, 지식을 자기의 것으로 만들어서 무엇인가를 할 수 있는가를 교육의 초점으로 잡는다. 이러한 역량의 성격으로 인하여 우리가 당연하게 생각해왔던 그동안 수업의 많은 것들에 대한 변화가 필요한 상황에 놓이게 되었다. 지금까지 아무런 고민 없이 생각하고 사용해왔던 수업에 대한 많은 것들이 과거 지식중심교육 패러다임에 맞추어져 있던 것들이기 때문이다.

    우선 수업의 기준 단위에 대한 재개념화가 필요하다. 흔히 수업의 시작과 끝은 한 차시(초: 40분, 중: 45분, 고: 50분)로 생각한다. 과거 학문중심 교육과정에서 교육과정 구성의 기본 단위는 한 차시 분량의 지식이나 단편적인 기능들이었다. 이에 따라 하나의 지식이나 단편적 기능들을 학생들에게 전달하는 데 일반적으로 필요한 시간이 지금 수업의 기준 단위인 차시가 된 것이다. 즉, '하나의 지식 = 차시'가 수업의 기본 단위가 된 것이다. 이로 인하여 수업에 대한 계획인 수업지도안, 수업 참관록, 학습목표 등 수업과 연계된 것들이 한 차시에 맞추어져 만들어지고 사용되어 왔다.

하지만 역량을 키우는 교육에서의 수업은 기존의 한 차시 분량으로 하나의 수업 단위가 만들어지지 않는다. 역량을 키우는 수업은 지식을 학생들이 자기 생각으로 만드는 과정을 거쳐 이를 실제적 맥락에서 활용하는 특징을 갖고 있다. 이러한 수업은 지식을 이해하고 활용하는 긴 호흡의 시간을 필요로 한다. 따라서 과거 수업의 기본 단위인 하나의 차시가 수업의 기본 단위로서 맞지 않는 것이다. 하나의 수업을 위해서 기존의 수 차시에 해당하는 분량의 교수학습지도 계획이 필요하게 된다. 이는 곧 수업지도안 형식의 변화가 필요함을 의미한다.

또한 그동안 한 차시 안에서 수업을 참관·성찰·비평·코칭해왔던 수업을 보는 관점도 달라진다. 한 차시라는 테두리 안에서 수업을 보는 것은 긴 장편 드라마 중 1회만 보고 그 드라마를 판단하는 것과 다르지 않다. 역량을 키우는 수업의 성찰·비평·코칭은 지식을 형성하고 학생 자신의 것으로 만들어 이를 활용하는 전체의 과정이 대상이 되어야 한다.

교육이 추구하는 지향점은 국가 수준이나 시도교육청 수준 교육과정 문서, 학교 교육과정 등에 명시되어 있다. 하지만 이는 말 그대로 문서상의 명시된 지향점일 뿐이다. 실제 교육이 추구하는 지향점이 실행되는 지점은 교사와 학생이 직접 만나는 수업이라는 무대이다. 따라서 역량을 키우는 교육으로 우리 교육이 바뀌고 있고, 이를 탁상공론이 아닌 실제 역량을 가진 학생을 키우는 교육이 되기 위해서는 '수업'에 대한 고민과 변화가 가장 치열하게 이루어져야 한다.

교육과정, 수업, 평가에 대한 변화의 바람이 거세게 불고 있다. 이러한 변화의 이면은 무엇일까? 그 이유를 그림 하나로 분석해볼 수 있다. 우선 과거의 수업 성격은 다음 그림과 같았다. 모든 교과의 많은 지식을

학생들의 머릿속에 집어넣는 것이 대부분 학교에서 이루어지고 있던 수업이었다.

교육과정 또한 이 그림으로 인하여 성격이 결정되었다. 수업이 많은 지식을 머릿속에 집어넣는 것이기 때문에, 교과서에 수록된 다양한 지식이 결국 교육과정 그 자체가 되는 것이다. 결국 수업 성격에 따라서 교육과정도 교과서 그대로가 되어버린 것이다.

평가는 어떠할까? 교육과정에 제시된 다양한 지식을 근거로 학생들의 머릿속에 잘 집어넣는 수업을 하고 머릿속에 잘 들어가 있는 것을 확인하는 것이 평가의 기본 역할이었다.

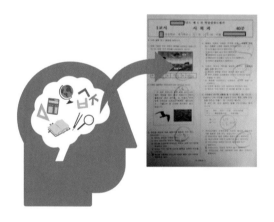

그럼, 역량중심교육에서 중요시하는 수업의 성격은 이전 그림과 어떻게 변화될까?

　수업의 지향점이 집어넣는 수업에서 꺼내는 수업으로 바뀐다. 지식을 머릿속에 잘 저장하는 것(Input)이 과거 지식중심교육의 성격이었다면 역량중심교육에서의 수업은 꼭 필요한 핵심개념을 머릿속에서 꺼내어 무엇인가를 할 수 있는 것(Output)이 수업의 지향점이다.

　이러한 수업 장면으로 인하여 교육과정도 변화했다. 교과서 그 자체가 교사의 교육과정이었다면 역량중심교육에서는 수많은 교과 지식들 중 꼭 필요한 핵심개념 중심으로 교과 내용을 적정화, 구조화하는 일이 필요하게 되었다.

핵심개념

또한 무엇을 할 수 있는지를 보여주는 Output 활동을 학생 특성에 맞게 선정하는 것이 교육과정의 한 축이 되었다. 이와 같은 핵심개념 중심으로 적정화와 구조화를 하는 절차, Output 활동을 만들어내는 지점에서 과거와는 달리 교사의 자율권이 많이 부여되었다. 이에 따라 최근 학교수준·교사수준 교육과정의 중요성이 대두되고 있다.

평가의 변화도 이 그림에서 그대로 나타나고 있다. 머릿속에 잘 들어가 있는가를 확인하는 것이 평가의 초점이었다면 머릿속에 있는 것을 꺼내는 장면이 평가의 초점이다. 따라서 그림과 같이 핵심개념을 바탕으로 자신의 생각을 글로 표현하는 장면, 학생 상호 간 생각을 주고받는 토의·토론 장면이 핵심개념에 대한 이해를 Output하는 평가 장면이 된다. 이를 바탕으로 실생활에 적용하여 조사·발표, 실험실습을 하는 장면, 프로젝트를 하는 장면이 역량을 확인할 수 있는 중요한 평가가되는 것이다.

수업의 기준점이
바뀌었다

수업의 기준점이 학습목표에서 성취기준으로 변화하고 있다. 학습목표와 성취기준을 질적으로 분석하면 두 가지 모두 수업에서 도달해야할 목표 지점으로서의 성격을 갖고 있다. 하지만 학습목표와 성취기준을 양적으로 분석하면 차이점이 있다. 학습목표는 교사용 지도서에서 한 차시 학습주제에 맞게 만들어진 한 차시용 분량이 대부분이다. 이에 비해 성취기준은 지식, 기능, 가치·태도의 요소가 종합적으로 반영되어 있기 때문에 한 차시보다는 여러 차시의 수업이 필요한 경우가 대부분이다.

〈학습목표 기준 교수·학습 과정안 형식〉

위 그림과 같이 교수·학습 과정안(수업지도안)을 작성한다면 흔히 한 차시 수업을 기준으로 이에 대한 세밀한 수업의 활동, 교사와 학생 간의 대화 등을 시나리오 형식으로 작성하는 것이 일반적인 지도안의 형식과 내용이었다. 말 그대로 하나의 '수업'만을 위한 세밀한 계획이다.

〈성취기준 단위 교수·학습 과정안 형식〉

하지만 성취기준이 교육과정의 뼈대를 이루는 현행 교육과정 체제에서는 하나의 성취기준 도달을 위한 수 차시 수업으로 구성된 일종의 코스워크(course work)를 구성하는 지도안이 필요하다. 이는 수업 하나만을 위한 지도안이 아닌 위의 성취기준 도달을 위한 하나의 코스워크를 구성하게 되는 것이다. 이러한 성취기준 단위 코스워크가 교육과정이 된다.

수업 잘하는 교사란?

　'수업 잘하는 선생님.' 교사라면 누구나 듣고 싶어하는 매력적인 말이다. 수업을 잘한다는 것의 기준은 무엇일까?

　이 질문의 답을 찾기 위해 초임교사 시절 경험을 떠올려 보도록 하겠다. 2003년 안산의 학교에 첫 발령을 받았는데 연구학교를 지정받아 운영하는 학교였다. 그 당시 연구학교들은 다른 학교 교사들을 대상으로 수업 공개를 많이 했었다. 근무하는 학교에서도 연구학교 운영을 위해서 다른 학교의 수업을 참관하러 같은 학년 선생님들과 자주 출장을 다녔다. 그때의 수업 장면들이 아직도 생생히 기억난다. 아나운서 같은 진행 솜씨와 꾀꼬리 같은 어조로 수업을 하셨던 선생님, 마술을 하면서 수업을 시작하셨던 선생님, 플래시나 동영상 자료를 활용하여 수업을 하셨던 선생님들이 계셨다. 이런 선생님들의 수업을 보며 같은 학년 선생님들은 어김없이 수업 잘한다는 감탄사를 내뱉었다. 나는 그 당시 감탄을 넘어서, "과연 나는 저렇게 수업할 수 있을까?" 하고 주눅이 들기까지 했다. 하이톤 어조로, 탤런트 같은 표정으로 수업을 진행하시는 선생님의 모습은 다른 세상 사람같이 느껴졌다.

그런데 차츰 경험이 쌓이면서 생각이 바뀌기 시작했다. 그때 수업을 잘한다고 생각했던 선생님들은 수업을 잘하는 것이 아니었다. 그 당시 겉으로 드러나는 선생님들의 말투와 마술, 플래시 자료들은 수업의 본질이 아닌 수업 기법이었던 것이다. 그리고 어눌한 말투와 무뚝뚝해 보이는 외형적 특징을 가진 내가 배움중심수업 우수사례(수업 실기 대회)에서 계속 좋은 결과를 얻고, 수업명인으로 선정되면서 이 생각은 더욱

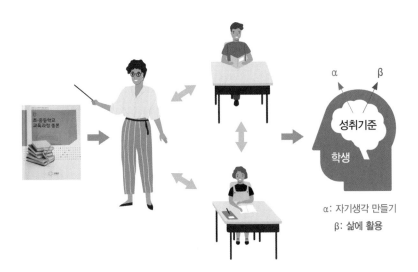

〈수업 잘하는 교사의 수업〉

확실해졌다. 수업 기법이 수업 잘하는 교사의 기준이 아니라는 것을. 물론 아직도 나 스스로 수업을 잘하는 교사라고 생각하지 않는다. 하지만 수업을 잘하는 교사가 되기 위한 기준은 명확해졌다. 수업 잘하는 교사의 기준은 무엇일까?

아래 그림에 답이 있다. 이 그림을 만들어낼 수 있는 교사가 수업을 잘하는 교사이다.

이 그림은 교육과정 해석부터 수업디자인 그리고 실제 학생-교사, 학생-학생 간 관계 형성을 통한 배움, 평가를 통한 자기생각 만들기와 삶에 활용을 확인하는 수업 일련의 과정이 압축되어 있다. 그리고 그림을 아래와 같이 세 부분으로 나누어보면 수업 잘하는 교사의 기준이 명확

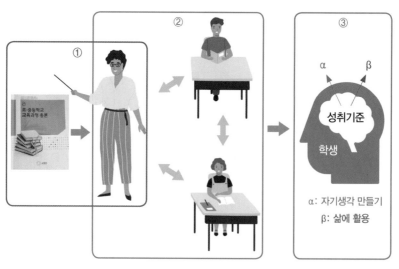

〈수업 잘하는 교사의 3가지 기준〉

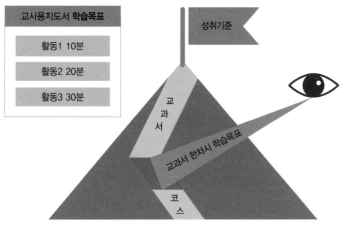

<수업 단위의 변화>

해진다.

첫째 기준은 그림의 ①번 부분에 해당하는 수업 코스워크 설계 능력이다. 과거에는 활동 2~3가지를 잘 만들고 이를 한 차시(40~50분) 안에 잘 담아내어 수업을 하고, 참관하는 교사들은 이 한 차시(40~50분)만을 보고 수업을 평가했다.

이를 등산코스에 비유해 볼 수 있다. 과거 수업을 보고 만들었던 기준은 교육과정이 아닌 교과서 개발자가 만들어 놓은 코스(단원)의 한 지점(한 차시 학습목표)에 한정되었던 것이었다. 성취기준이라는 최종 목표지점에서 보았을 때 교과서 개발자가 만들어 놓은 코스는 최적의 등산로가 아닐 수도 있다. 위 그림에서 보아도 처음 시작은 잘못된 방향의 코스이다. 등산을 해야 하는 우리 아이들을 염두에 두고 만든 코스가 아니기 때문이다.

이 그림에서 교사의 수업 가능성은 교과서라는 코스로 한정되어 있다. 교과서라는 정해진 코스 안에서 작은 지점의 색칠 능력만 있으면 충분했다.

하지만 역량중심교육과 성취기준 단위 교육과정 체제에서의 수업은 한 차시 수업이 아닌 수 차시 수업이 뭉쳐 하나의 성취기준을 도달시키고 역량 형성으로 연결된다.

성취기준 단위 미니(mini) 교육과정이 하나의 수업 단위가 되는 것이다. 미니 교육과정 안에는 여러 개의 수업이 있고 평가, 피드백이 있다. 이를 조합하여 하나의 수업으로 만들 수 있는 능력을 코스워크 설계라 할 수 있다. 이 체제에서는 교사의 수업 가능성은 훨씬 넓어진다.

〈성취기준 단위의 수업〉

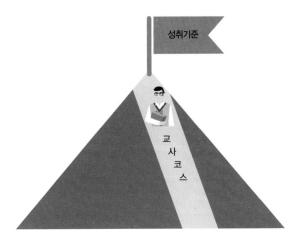

〈성취기준 도달을 위한 새로운 코스워크 설계〉

다시 등산 코스 그림으로 비유해보면 교과서가 만들어 놓은 정해진 코스를 잘 닦아 놓는 한정된 수업 설계 능력이 아닌 성취기준 도달을 위한 새로운 등산코스 설계 능력을 필요로 한다. 이 능력이 수업 잘하는 교사의 첫 번째 조건이다.

수업 잘하는 교사의 두 번째 기준은 〈수업 잘하는 교사의 3가지 기준〉 그림의 ②번 영역에 해당된다.

이는 관계 맺기와 조율이다. 교사와 학생 간의 관계, 학생과 학생 간의 관계가 잘 맺어진 교실은 '기다려주기'와 '경청'이 있다. 그리고 서로의 배움을 주고받으며 더 큰 배움을 만들어낸다. 특히 역량을 키우는 수업에서는 관계가 필수다. 역량을 키우는 데 필요한 학생 간 의사소통 활동, 협력을 통한 문제해결 활동은 관계 형성이 기본으로 이루어져 있어

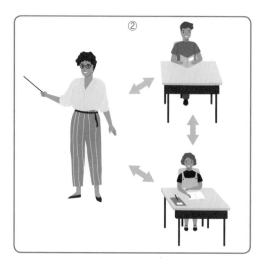

〈수업 잘하는 교사의 2번째 기준〉

야 가능하다. 조율은 오케스트라 지휘자의 역할을 의미한다. 수업 중 교
사와 학생의 파트 조절, 수업 활동별 시간과 흐름의 조절(아이들의 성취
도를 보며 다음 단계의 수업 활동을 투입하는 시점)을 할 수 있어야 한다. 그
리고 아이들 각자 특성에 맞는 악기를 찾아주어 최적의 하모니를 만들
어 낼 수 있어야 한다.

이 두 가지 조건이 갖추어졌을 때 그림 〈수업 잘하는 교사의 3가지
기준〉의 마지막 ③번 영역인 수업 후 학생들이 성취기준에 대한 자기
생각 만들기와 삶에 활용할 수 있는 상태가 되는 역량을 키울 수 있는
수업이 되는 것이다.

결국 수업 잘하는 교사는 교육과정을 해석하여 본인만의 수업 코스워

크로 설계할 수 있는 능력이 있어야 하며, 관계 형성이 일어날 수 있는 수업디자인과 수업 조율 능력이 있어야 한다. 이 결과 수업 후 학생들이 성취기준에 대한 자기 생각 만들기와 삶에 활용할 수 있는 역량을 형성시킬 수 있다면 수업을 잘하는 교사라 할 수 있다.

그런데 중요한 것은 모든 수업을 앞서의 그림과 같이 만들어낼 수 있느냐이다. 한두 시간의 수업을 이와 같은 이상적 그림이 그려지는 수업이 되게 하는 것은 큰 노력과 시간을 투자하면 만들 수 있다. 그러나 이는 특별한 외식과 같은 수업이 되는 것이다.

교사는 1년간 약 천 시간의 수업을 한다. 천 시간의 수업은 모두 다른 수업 주제들로 구성된다. 이러한 모두 다른 주제들을 위 그림과 같은 이상적인 수업 흐름으로 만들어내는 것은 쉬운 일이 아니다. 다양한 수업 주제들에 광범위하게 적용하여 〈수업 잘하는 교사의 3가지 기준〉 그림을 그려낼 수 있는 수업 흐름과 방법을 갖고 있는 교사들이 있다. 이와 같이 다양한 교과와 영역, 성취기준에 광범위하게 적용할 수 있는 수업 코스워크 설계, 관계 형성 맺기의 노하우를 갖고 있어 역량을 형성시킬 수 있는 수업을 할 수 있는 교사들은 본인만의 수업루틴을 갖고 있다. 수업루틴을 가진 교사는 한 차시 남을 보여주기 위한 특별한 외식과 같은 수업을 잘하는 교사가 아닌 평상시 집밥과 같은 수업을 잘하는 교사이다.

백 명의 수업코치보다
한 개의 수업루틴이 필요하다

'수업장학 → 수업컨설팅 → 수업성찰 · 수업코칭 · 수업친구'

그동안 교육청과 학교 현장에서 교사들의 수업능력 개선을 위해서 펼쳐온 정책과 실천 운동들이다. 수업장학과 컨설팅, 수업코칭을 비교하면 우측 그림과 같다.

수업 장학은 초창기 요청장학, 대표 수업 등에 의하여 교육청 장학사를 초청하고 수직적 위계 관계에 의하여 무겁고 엄숙한 분위기 속에서 장학이 이루어졌다. 관리자와 장학사라는 위계적 직위는 수업에 대한 비평 하나하나에도 그대로 묻어나 열심히 받아 적고 따라야 했다.

이에 대한 단점을 인지하고 개선하기 위해 수업 컨설팅과 수업 멘토링 등의 형식으로 수업 개선 지원 정책이 변화되었다. 그러나 이 역시

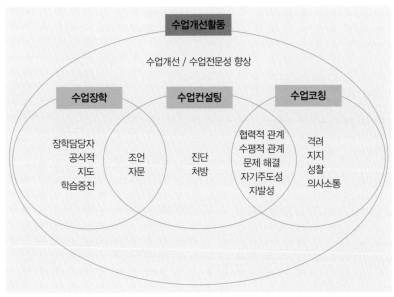

행정적 절차에 의하여 교육청의 사업으로 이루어지는 경우가 대부분이었다. 수업 관련 수상실적이나 교육청 수업 관련 정책 참여 경력 등으로 멘토 교사를 모집하고 멘티교사와 매칭으로 수업 컨설팅이 이루어지는 방식이었다. 멘티교사는 개인의 필요에 의하여 선정되는 것이 아닌, 아무도 원하지 않는 분위기 속에서 경력이 제일 어린 교사가 선정되는 경우가 대부분이었다. 이 역시 컨설턴트 · 멘토교사와 멘티교사 간 암묵적 상하 위계의 분위기가 존재했고, 컨설턴트가 가진 개인 수업 철학과 역량에 의하여 컨설팅의 질이 좌우되는 경향이 많았다. 무엇보다도 기존의 수업장학과 수업컨설팅, 수업멘토링 등의 문제점은 평상시 교사가 아이들과 하는 일상 수업이 아닌 수업 공개를 위한 누구에게 보여주고 평가받기 위한 특별수업이 장학과 컨설팅의 대상이었다는 것에 문제점이 있다.

최근에는 수업성찰에 의한 수업코칭, 수업친구 만들기 등으로 수업개선 정책이 변화되었다. 수업코칭은 수업컨설팅의 자문·처방 역할보다 격려와 지지, 대화를 통한 성장에 초점을 맞추고 있으며, 수업친구는 교사들이 서로의 수업에 관해 이야기하고 성장해나가는 일상적 수업 나눔과 성장을 강조한다. 수업코칭과 수업친구 모두 과거의 장학이나 컨설팅 방식에 비해 만족도와 효과가 높은 편이지만 이 역시 수업개선 효과에는 분명한 한계점을 갖고 있다.

수업코칭이나 수업친구를 통한 수업 나눔 방식이 효과적이며, 교사들의 만족도가 높은 수업개선 방식이지만 모두 '타인'에 의하여 이루어진다. 일반적으로 교사가 수업코칭을 받고 싶다면 원하는 수업코치와 매칭이 이루어질 수 있어야 하는데 수업코칭을 전문적으로 할 수 있는 교사를 주변에서 찾기 쉽지 않다. 설사 찾더라도 수업 코칭 전문가의 바쁜 일정과 개인 사정으로 내 수업을 코칭해줄 수 있는 경우는 드물다. 수업친구 또한 마찬가지이다. 수업에 열의가 있으며 일상적 수업을 지속적으로 함께 나누고 고민할 수 있는 동료교사를 쉽게 찾을 수 있을까? 이 글을 읽고 있는 교사들도 공감할 것이다. 주변에 수업친구가 있고, 일상적 수업에 대하여 주기적으로 깊이 있는 고민과 대화를 나누는 교사가 과연 얼마나 될까? 수업친구나 수업코칭 모두 의도는 이상적이고 바람직한 방향이지만, 현실적으로 대부분의 교사가 이를 실천할 수 없다면 극소수 사람들만의 꿈 같은 먼나라 이야기가 될 수 있다.

따라서 필자는 '자기주도적 수업성장' 방식을 추천하고 싶다. 대부분의 교사는 대학교 전공교과, 교생실습, 임용고시 수업실연 준비 등을 하며 수업에 대한 이론적인 부분은 대부분 접해본 상태에서 교직에 들어온다. 교직에 들어와서도 임상장학과 자격연수, 전문적학습공동체 등을 통하여 일반적으로 어떤 방식으로 수업을 해야 하는지 선배교사로부터 조언을 듣는다. 이를 통해 대부분 교사는 좋은 수업이 되기 위해 필요한 수업 중 교사의 언행, 수업 방법 등 수업에 대한 이론적인 부분들을 인지하고 있다. 중요한 것은 이러한 부분들을 타인이 코칭이나 대화로 풀어가는 것보다는 본인이 스스로 자신의 성향에 맞는 방법으로 느끼고 이를 실천할 수 있어야 한다는 것이다. 즉 좋은 수업을 하는 교사, 수업을 잘하는 교사가 되는 요인은 '타인'보다는 '개인'의 노력이 훨씬 중요하다. 수업을 잘하는 교사가 되기 위한 개인의 노력으로 2가지를 강조하고 싶다.

첫째, 본인 수업을 영상으로 촬영하고 자기 수업을 비평하는 '자기 수업 비평'이 이루어져야 한다. 필자도 초임 시절 수업 영상을 촬영하고 제3자의 입장에서 보면서 스스로 부족한 점을 찾고 고칠 수 있는 계기가 되었다. 타인이 지적해주고 이야기하는 것보다 본인의 수업 당시에서 갖고 있었던 마음가짐, 수업 습관, 수업 성향 등은 본인이 누구보다 잘 알고 있다. 이를 제3자의 입장에서 비평의 눈으로 보고 반성하고 실천으로 옮길 수 있다면 가장 좋은 수업 성찰이 될 것이다.

이 글을 읽는 선생님들 모두 학급 운영비 예산을 활용하여 스마트폰 촬영 거치대를 구입하고, 한 번은 교사인 나를 중심으로 촬영하고, 다음 수업에서는 아이들을 중심으로 촬영하면서 수업을 입체적으로 확인해보기를 권장한다. 수업 영상을 보면서 '이 지점에서 왜 아이들 스스로 배움이 일어나기까지 기다려주지 못했을까? 맞아. 다음 활동을 진행하기 위해서 시간에 쫓겨 아이들을 기다려주지 못했었지' 하고 반성하면서 다음과 같이 생각할 수 있다. 내용 전달보다는 아이들 스스로 배움을 끌어내는 수업이 훌륭한 수업이라는 가치관을 확인하고 '다음 수업에서는 내용 전달보다는 여백이 있는 수업으로 디자인하고, 아이들의 배움이 일어날 때까지 기다릴 수 있는 여유를 가져야겠다'와 같이 다짐하는 과정들이 자기 스스로 수업 운영 능력을 성장시킬 수 있는 현실적이고 효과적인 방법이다. 이러한 본인의 수업 성찰과 다짐 그리고 실천들이 모여 본인만의 좋은 수업루틴으로 만들어질 수 있다.

둘째, 아이들을 통해 본인의 수업을 반성하고 성찰할 수 있다. 수업을 하면서 아이들이 즐겁고 재미있게 참여하는 모습을 보며, '아! 오늘 수업은 성공했다' 하고 느껴본 경험을 누구나 갖고 있을 것이다. 여기서 한 가지 더 확인해야 할 것이 평가이다. 아이들이 수업시간에는 재미있고 활발하게 참여했지만 성취기준 도달도가 낮은 결과가 나왔다면 그 수업은 단지 재미만 추구한 수업이었지, 배움이 일어나게 하는 의미 있는 수업은 아니었다고 볼 수 있다. 이와 같은 실패 경험 후 '내 수업이 교육과정 성취기준에서 요구하는 것들을 밀도 있게 담아내지 못한 수업이었구나' 하고 반성하고 추후 수업에서는 '성취기준에서 학생들이 알고 있어야 할 것과 할 수 있어야 할 것들을 볼 수 있는 눈을 키우고 이를 수업으로 녹여내야겠다' 하고 다짐할 수 있다.

이와 같은 다짐으로 교육과정을 분석하고 수업을 만드는 것들이 반복되어 하나의 습관이 된다면 본인만의 일상적인 수업 준비 루틴이 되는 것이다. 그리고 이 수업 준비 결과물의 모임이 교사 교육과정이 되는 것이다.

결국 수업은 남에 의하여 성장하는 것보다는 이처럼 개인의 반성과 노력에 의하여 성장하는 것이다. 교육청에서 그동안 해왔던 수업친구 만들기나 수업코칭에 의한 수업 성장 정책보다 개인의 수업루틴 만들기 운동이 훨씬 효과가 좋을 것이다.

2장
·
미래교육,
역량중심수업으로
말한다

미래 수업의
3가지 키워드

미래교육에 대한 논의 중 가장 본질적이고 핵심이 되는 것은 미래 학교의 교실에서 이루어지는 수업에 대한 논의이다. 미래 수업의 방향성과 내용·방법에 따라서 다음의 세 가지 키워드로 정리해 볼 수 있다.

첫째, 역량중심수업이다. 미래 수업을 논할 때 가장 먼저 고민해야 할 부분은 수업의 방향성이다. 수업의 방향이 지식과 역량 중 어디에 초점을 맞추어야 할지에 대한 논의가 우선시되어야 한다. 미래 교실에서 이루어지는 수업은 미래 시대를 살아갈 학생들에게 꼭 필요한 역량을 키워줄 수 있는 수업이어야 한다. 따라서 미래 수업은 지금까지 지식 형성에 초점이 맞추어져 있던 수업의 단위와 시간, 평가 방식, 교육과정 편제 및 운영, 지도안 쓰는 방식 등 수업과 연계된 모든 것들이 역량을 중심으로 변화가 이루어질 것이다.

둘째, 수업 환경의 변화이다. 원격수업과 에듀테크 기술은 지금과 같이 교실이라는 한정된 물리적 공간에서 제한적 학습자료와 항상 정해진 같은 숫자의 학급 학생들로만 수업이 이루어지지 않는다. 원격수업 기술을 활용하여 교육과정과 연계된 학교 밖 다양한 인적·물적 교육자원을 교실에서 쉽게 수업할 수 있으며, 다양한 에듀테크 기술은 교실 안에서 학생과 학생, 교사와 학생 간의 관계 형성을 가속하고, 학생들에게 다양한 지적 자극을 촉진할 수 있는 학습환경을 제공할 수 있다. 또한 교사의 지식 전달과 학생의 일방적 수용에 최적화된 현재의 교실 공간이 협력·의사소통·창조가 가능한 공간으로 변경될 것이다.

셋째, 학습자 주도 개별화 수업이 가속화될 것이다. 학령인구 감소에 따라 학급 당 학생 수가 지속해서 감소하고 있다. 이와 더불어 다양한 온라인 수업 플랫폼을 활용한 블렌디드형 수업의 활성화로 인하여 학생 개개인별 맞춤형 수업 운영이 가능해진다. 학생의 학습 성향에 따라 각자 인지구조에 적합한 최적화된 방식으로 수업자료가 제공될 수 있으며, 자신의 학습 속도에 따라 학습 과정을 스스로 선택하고 구성할 수 있게 된다. 이에 따라 모든 학생이 자신의 학습 속도와 학습 성향에 무관하게 천편일률적으로 같은 내용을 같은 속도로 배우는 지금의 수업 방식이 아닌 학생 주도 개별화 수업이 이루어지는 방식으로 변화될 것이다.

이 세 가지 키워드를 바탕으로 미래 수업은 어떤 방향으로 논의되어야 하고, 구체적으로 어떤 내용과 방법으로 수업을 운영해야 할지에 대하여 역량중심수업을 중심으로 이 장에서 논의해보도록 하겠다.

배움중심수업을 넘어
역량중심수업으로

　최근 십수 년간 대한민국의 수업 담론은 배움중심수업이 지배해왔다. 배움중심수업은 특정 수업 방법이나 이론이 아닌 그동안 교사의 가르침을 중심으로 봐왔던 수업을 학생의 배움을 중심으로 보자는 수업 관점의 변화를 의미한다.

　역량중심수업은 배움중심수업의 열매인 '배움'에 초점을 맞춰보고 이 배움의 성격을 규명하는 것부터 출발한다. 학생의 배움을 중심으로 수업을 본다면 그 배움은 어떤 것이며, 이를 통하여 변화된 학생의 모습은 어떤 모습인가에 초점을 맞춘다.

　배움중심수업이 수업을 보는 관점의 변화라는 철학적 성격을 지니고 있다면, 역량중심수업은 역량이 만들어지기 위한 수업 설계, 수업 단위에 대한 논의를 다루는 공학적 성격도 지니고 있다. 그리고 지도안 작

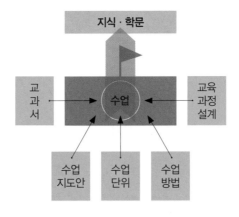

〈지식·학문 중심 시대의 수업〉

성, 교육과정, 평가 등 수업과 연계된 모든 것에 대한 총체적 성격의 논의도 필요하다.

역량중심수업이 수업과 연계된 모든 것에 대한 총체적 논의가 필요한 이유는 학교의 탄생 배경에 있다. 지금의 학교 시스템은 1차 산업혁명 시기에 만들어졌다. 이 당시 사회는 많은 지식을 갖춘 인재를 필요로 했으며 당연히 사회의 요구에 맞게 교육과정 또한 지식·학문중심 교육과정의 패러다임을 갖고 있었다. 이에 따라 수업도 지식을 갖춘 인재를 대량으로 빨리 육성하기 위해 지금의 교실과 같은 공간에 많은 인원이 함께 공부하는 방식이었다. 그리고 이 시기 학교에서 이루어지고 있는 수업 상황을 반영한 많은 교수학습 이론이 생겨났다.

그림과 같이 지식·학문중심 교육의 시대에 학교가 만들어졌고 이를 위한 수업이 운영되었다. 그리고 교과서, 교육과정 설계, 수업지도안 작성, 차시중심수업 단위 등 수업과 연계된 모든 것들이 이 시대 수업 방식에 맞춤화하여 만들어지고 지금까지 이어져 내려오고 있다.

그러나 정보화 사회, 4차 산업혁명 사회로 바뀌면서 시대가 원하는 교육 패러다임이 지식·학문 중심에서 역량으로 무게 추가 옮겨졌다. 이에 따라 국가 수준의 교육과정 문서에서 역량교육이라는 말이 공식적으로 실리고 모든 시·도교육청의 교육과정 문서에서 역량이 제시되었다. 학교 교육과정에서도 역량이라는 단어가 없는 학교를 찾기가 어려울 정도로 모든 학교에서 역량교육을 선언했다.

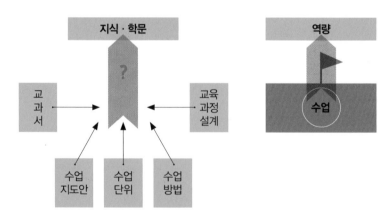

〈역량교육으로의 이동과 수업〉

이처럼 역량교육이 대두되고 학교는 교육의 무게 중심을 역량으로 급속히 옮겼다. 다음 순서로 수업도 함께 따라올 것을 강조하고 있다. 그러나 수업은 이를 따라오지 못하고 있다.

아직 따라올 준비가 되지 않은 것이다. 그동안 자연스럽게 써왔던 수업의 모든 도구들은 과거 지식·학문중심수업에 맞춰 만들어진 것이기 때문이다. 우리가 당연하게 생각해왔던 교과와 차시 단위에 의한 교육과정 설계 방식, 교과서를 주 교재로 활용하는 텍스트 중심의 수업, 수업을 위한 지도안 쓰는 형식, 평가 모두 지식·학문 중심에 맞춰 만들어져왔던 것이다. 물론 이런 것들의 변화와 뒷받침 없이 역량을 키우는 수업이 불가능한 것은 아니지만 모든 선생님이 쉽게 일상 수업에서 역량을 키우는 수업을 하기 위해서는 역량중심수업에 맞는 수업의 제반 사항들이 새롭게 논의되고 다시 만들어져야 한다.

필자가 각종 자격연수에 참여하며 만들어지고 있는 교재를 분석해본 결과 모든 수업주제 강사마다 역량을 키우는 수업을 해야 한다는 것을 강조한다. 그러나 역량을 키우는 수업이 무엇이고, 역량을 키우기 위해 구체적으로 수업이 어떻게 설계되고 실행되어야 하는지에 대한 언급은 찾아볼 수 없었다. 결국 역량중심수업의 디테일은 수업을 하는 교사들의 몫이다.

역량중심수업은 그동안 수업을 보는 관점을 바꾼 배움중심수업을 넘어 배움이 역량으로 연결될 수 있는 배움의 성격을 규정하는 데에서부터 시작한다. 그리고 그동안 지식·학문중심수업에 의해 만들어졌던 수업의 모든 것들을 바꾸고 새롭게 맞추는 수업의 총체적 변화를 필요로 한다.

역량중심수업이란 무엇인가?

역량중심수업은 무엇일까? 동물사육사가 동물을 자연으로 돌려보낼 때 사육하는 방식에서 힌트를 얻을 수 있다. 동물을 자연으로 돌려보내기 위해 동물이 방사될 자연 환경과 최대한 유사한 환경에서 살아가는 데 필요한 능력을 갖추도록 한다. 방사될 환경과 최대한 유사한 훈련장소(실제적 맥락), 먹이 잡는 능력(기능)과 반복 학습을 통한 덫과 올무 등을 피할 수 있는 기억(지식)형성, 사람의 도움 없이 살아가려는 태도들 모두 역량중심수업과 유사하다.

역량중심수업은 쉽게 말해 '역량을 키울 수 있는 수업'이라고 할 수 있다. 하지만 역량의 뜻을 반추해보면 모든 수업이 역량을 키울 수 있다고 말하기 어렵다. OECD(2018)에서는 역량을 "복잡한 요구를 충족시키기 위해 지식·기능·가치와 태도를 동원하는 능력"이라고 정의한다. 단체에 따라 다양하게 정의하고 있지만 공통적으로 위 정의와 일맥상통하는 의미를 담고 있다. 이 정의에 의하면 역량중심수업은 '복잡한 요구를 충족시키기 위해 지식·기능·가치와 태도를 동원할 수 있는 힘을 키워줄 수 있는 수업'이라 할 수 있다. 이처럼 정의했지만 '복잡한 요구'와 '동원할 수 있는 힘'이라는 표현에 모호함이 있다.

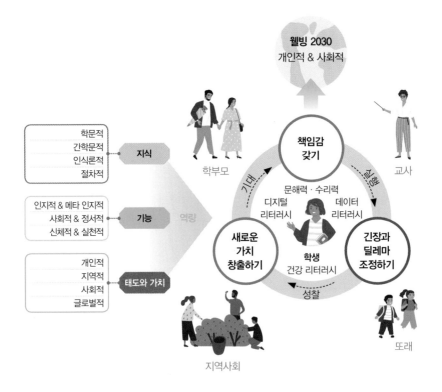

〈OECD Education 2030 미래학습 틀〉

이에 관한 논의를 하기 위해 OECD Education 2030에서 제시한 미래학습 틀을 참고해볼 필요가 있다. OECD 교육 2030 프로젝트에서는 역량의 정의를 구체적으로 표현한 미래교육을 위한 학습 틀을 앞장의 그림과 같이 제시하였다.

OECD Education 2030 미래학습 틀을 그림 그대로 해석하면 다음과 같다. 복잡한 요구(학부모, 교사, 지역사회, 또래와 연계된 특정 맥락)에서 긴장과 딜레마에 대처하고 새로운 가치를 창출하며 책임감을 갖는 자세를 갖기 위해 지식(학문적, 간학문적, 인식론적, 절차적)과 기능(인지적·메타 인지적, 사회적·정서적, 신체적·정서적, 신체적·실천적), 가치·태도(개인적, 지역적, 사회적, 글로벌적)를 동원할 수 있는 힘을 키울 수 있는 수업이라 해석할 수 있다.

그리고 복잡한 요구에서 필요한 '새로운 가치 창출하기', '긴장과 딜레마 조정하기', '책임감 갖기' 등을 변혁적 역량이라 규명하였다.

새로운 가치 창출	긴장과 딜레마 조정	책임감 갖기
창의적으로 사고하고 새로운 것을 개발할 수 있는 능력으로서 적응력, 창의성, 호기심, 열린 마음 등에 토대를 둠	모순적이거나 양립 불가능한 생각, 논리, 입장 간의 상호 관련성을 고려하면서 좀 더 통합적인 방식으로 사유하고 행동하는 능력	앞의 두 역량의 전제 조건으로서, 자신의 행위를 경험, 개인적·사회적 목표, 배우고 들은 것, 옳고 그름에 비추어 성찰하고 평가할 수 있는 능력

〈'OECD 교육 2030' 프로젝트의 변혁적 역량〉

변혁적 역량은 현행 교육과정에서 선정한 6개의 핵심역량(자기관리

역량, 지식정보처리 역량, 창의적 사고 역량, 심미적 감성 역량, 의사소통 역량, 공동체 역량)과 같은 맥락에서 바라볼 수 있다. 변혁적 역량과 핵심 역량 모두 지식·기능·가치와 태도를 동원하여 실제 맥락의 문제를 해결하는데 요구되는 것들이다.

이 관점(다양한 역량의 정의들을 포괄하는 의미)에서 미래학습 틀 그림의 오른쪽 부분을 단순하게 생각할 필요가 있다. 오른쪽 부분은 결국 아이들이 삶을 살아가며 부딪히게 될 실제적 맥락으로 생각할 수 있다. 삶과 연계된 실생활 장면(맥락성)에서 지식·기능·가치와 태도를 종합적으로 활용(총체성)하여 문제를 해결해내는 힘(수행성)을 키워줄 수 있는 수업을 역량중심수업이라 볼 수 있다.

또 한 가지 짚고 넘어가야 할 부분이 있다. 위와 같은 실제적 맥락을 제공하고 이를 해결하기 위해 지식, 기능, 가치와 태도를 동원하여 문제를 해결해낼 수 있는 경험을 제공하는 것이 역량중심수업이라면 실제

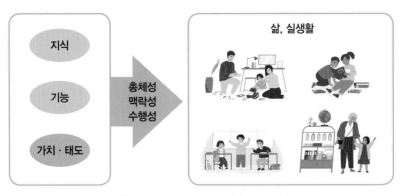

〈총체성, 맥락성, 수행성이 내재된 실제 맥락〉

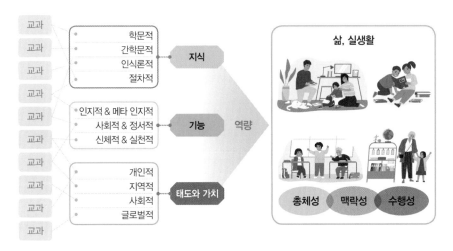

〈교과가 자원이 되어 만들어지는 역량 중심 수업〉

적 맥락을 제공하지 못하는 수업 혹은 전통적인 교과 구분에 의하여 교
과서를 갖고 이루어지는 교과수업은 역량중심수업이 아닌 것인가? 답
은 역량중심수업일 수도 있고, 아닐 수도 있다.

　위 그림과 같이 교과를 통한 수업들은 각자의 수업 하나하나가 역량
이 만들어지기 위한 소중한 자원이 된다. 교과에서 학습한 다양한 지식
과 기능 가치·태도들은 실제적 맥락에서 죽은 지식이 아닌 살아 있는
지식으로 활용되어 역량으로 표출되는 것이다. 따라서 교과를 통한 수
업도 역량중심수업의 범주 안에 들어올 수 있다.

　이를 위해서는 수업의 내용과 방법이 중요하다. 아이들의 삶과 연계

된 내용으로 수업을 했으나 수업과 다른 실제 상황에 이를 활용해내지 못하는 경우가 있다. 역량을 키우는 데 적합한 방법으로 수업이 이루어지지 않았을 경우 이런 상황이 생길 수 있다. 이는 역량중심수업이라 할 수 없다.

역량중심수업을 위해서는 수업 방법뿐만 아니라 내용도 중요하다. 아이들의 삶과 연계되지 못하는 수업 내용은 역량을 키우는 수업이 되기 어렵다. 개정 교육과정 수학과 내용 중 넓이 단위 a(아르), ha(헥타르)가 삭제된 것도 학생들이 실제 살아가는 데 큰 의미가 없었기 때문이다.

이상의 논의를 종합해보았을 때 역량중심수업은 지식·기능·가치와 태도를 기르고 종합적(총체성)으로 활용하여 삶과 연계된 실제 맥락(맥락성)에서 문제를 해결할 수 있는 힘(수행성)을 키워줄 수 있는 수업이라 말할 수 있다.

역량을 키우는 수업과
역량을 키우지 못하는 수업

 역량중심수업을 조금 더 분명히 하기 위해서 역량을 키우는 수업과 역량을 키우지 못하는 수업을 구분하고 이를 구별할 수 있는 기준을 세워보도록 하겠다. 이를 위해 수업이 이루어지는 일반적 절차와 특징을 분석해 볼 필요가 있다.

⟨수업이 이루어지는 일반적 절차⟩

수업은 앞의 그림과 같이 우선 교사의 설명, 영상자료, 교과서나 학습지 등의 텍스트를 학생의 눈과 귀를 통한 시각·청각 정보를 통한 습득을 통해 이루어진다. 역량중심수업이 되기 위해서는 그다음 단계가 중요하다. 시각·청각 정보를 통하여 학습이 이루어지고 그다음 단계 수업이 학습 내용의 기억, 단순 이해를 통한 옳고 그름만의 판단, 교과서속 닫힌 맥락의 연습문제 풀이만으로 끝나는 경우가 있다. 이는 역량을 키우는 수업이라 할 수 없다. 이 경우 아이들은 아래의 그림에 한정된 사고를 한다.

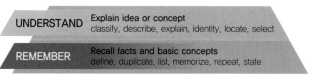

〈기억과 이해 사고과정〉

위와 같은 기억과 단순 이해 수준의 사고에 머무르는 수업은 수업 장면과 다른 장면이 학생들에게 주어졌을 때 수업 내용을 맥락화해서 적용하고 활용하는 데 어려움을 겪는다. 물론 기억과 이해의 사고과정도 역량중심수업에서 필요하다. 문제는 성취기준 단위의 학습이 끝날 때까지 기억과 이해의 수준에만 수업이 머무를 때이다. 이러한 수업들이 모여 1년 천 시간의 교육과정이 된다면, 이 수업을 받은 학생들은 역량 형성에 문제가 있을 수 있다.

역량을 키우는 수업이 되기 위해서는 눈과 귀를 통한 시각·청각 정보 습득 그 이후에 달려 있다.

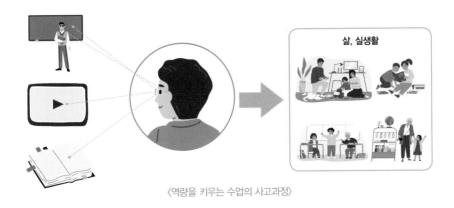

〈역량을 키우는 수업의 사고과정〉

역량을 키우는 수업이 되기 위해서는 눈과 귀를 통한 시각·청각 정보를 자신의 언어로 해석하여 각자의 인지구조 속에 자리 잡게 한 후 수업 장면과 다른 맥락에서 이 정보를 표출해낼 수 있는 경험을 제공해 줄 수 있어야 한다. 이를 위해 필요한 학습은 다음 피라미드의 3~6단계 이다.

Anderson의 신교육목표 분류학에서 제시된 3단계 적용부터 6단계 창 조까지의 사고는 역량중심수업에서 학습 내용과 실제 맥락과의 연결고 리 역할을 할 수 있다. 배운 내용을 적용해보고 분석·평가해보고 이를 바탕으로 새로운 생각을 창조해내는 학습은 교과서 속 죽은 지식을 아

CREATE — Produce new
design, construct, formulate, author

EVALUATE — Justify a stand or decision
argue, judge, value

ANALYZE — Draw connections among ideas
differentiate, organize, experiment, relate

APPLY — Use information in new situation
execute, example, use demonstrate, operate

UNDERSTAND — Explain idea or concept
classify, describe, explain, identity, locate, select

REMEMBER — Recall facts and basic concepts
define, duplicate, list, memorize, repeat, state

〈역량중심수업을 위한 사고〉

이들의 머릿속 살아있는 인지세포로 자리 잡게 한다. 이 과정에서 학습
내용을 실제 맥락 속에 활용하는 학습 경험이 동반될 수 있고, 실제 맥
락을 제공하지 않더라도 수업과 다른 맥락에서 학습 내용을 끌어오는
힘을 갖는 역량중심수업이 될 수 있다.

역량중심수업, 중용의 미와 페이스

『아무도 의심하지 않는 일곱 가지 교육 미신』이라는 책을 본 적이 있다. 최근 교육계의 역량교육 흐름에 대한 부정적 시선을 제시하는 내용이었다. 이 책을 바탕으로 2020년 초 EBS에서 〈최고의 수업〉이라는 프로그램이 방영되었다. 역량교육과 지식교육을 실제 실험 장면을 통해 효과성을 분석하며 책과 같은 맥락에서 지식교육의 중요성을 강조하고 있는 방송 내용이었다. 책과 TV뿐만 아니라 교육학자와 교육행정가들 또한 온라인과 오프라인 공간에서 논쟁을 벌이고 있다. 지식교육의 시대는 끝났다. "미래시대를 살아가야 할 학생들에게 역량교육이 중심에 서야 한다", "아니다. 역량교육은 위험하고 추상적이며 역량교육을 통해서 학생들이 성장할 수 있다는 근거가 없다"와 같은 의견들을 제시하며 학계에서는 역량파와 지식파들이 치열한 논쟁을 하고 있다.

그러나 말과 글로 하는 교육이 아닌 실천 교육을 하는 교사들은 이런 논쟁이 낭만적인 이야기로밖에 들리지 않는다. 교사라면 낭만적이라는 단어를 쓴 이유를 눈치채고 있을 것이다. 교사들은 지식교육과 역량교육에 대한 논쟁은 필요 없다는 것을 몸으로 느끼며 살아가고 있다. 아이들과 몸과 마음으로 부딪치며 지식교육과 역량교육에 대한 논쟁의 답을 학생들의 커가는 모습으로 매일 피드백 받고 있다. 교사라면 다음과 같은 경험을 모두 갖고 있을 것이다. 지식 중심으로 수업하고 난 뒤 '이렇게 수업하고 배운 것을 우리 아이들이 나중에 어디에 쓸 수 있을까?' 하는 무거운 마음을 갖고 양심의 가책을 느꼈던 경험, 또는 활동중심수업을 하며 아이들이 무언가 하고는 있고, 재미있어 하는데, 수업 끝난 뒤 아는 게 없는 아이들이 수두룩했던 경험.

교사들은 이처럼 매일 체험하며 느끼고 있다. 학생 활동중심수업도 학생들이 지식이 기반이 되어야 의미 있는 역량교육이 된다는 것, 지식교육만으로는 미래사회에서 필요한 협력을 하며 창의적으로 문제를 해결해 낼 수 있는 역량을 갖춘 아이를 키울 수 없다는 것을 육감적으로 느낀다.

결국 역량교육이냐 지식교육이냐의 논쟁은 의미가 없다. 둘다 필요하기 때문이다. 중요한 것은 매일 이루어지는 수업에서 어느 시점에 학생 활동중심수업에 초점을 맞추고 언제 교사의 설명과 개입이 필요한가에 대한 타이밍 조절이다. 학생 발달 시기에 따른 지식교육과 역량교육의 밸런스 조절도 필요하다. 교과별로도 역량에 초점을 맞추어야 하는 교과가 있고, 지식에 초점을 맞추어야 하는 교과도 있다. 이처럼 교사들에게 역량교육이냐 지식교육이냐의 논쟁은 중요한 것이 아니다.

많은 수업 경험과 노력으로 지식과 역량에 대한 중용의 미를 체득하는 것이 역량을 키우는 수업에서 필요하다.

현실적인 역량을 키우는 수업을 하기 위해서는 페이스 조절 능력도 필요하다. 마라토너가 42.195km 전 구간을 전속력을 다해서 달리면 마라톤을 완주할 수 없다. 교사도 마찬가지이다. 1년 365일 교육과정을 교과서를 버리고 역량을 키우기 위한 실제 상황을 만들고 창의력을 키우기 위한 활동중심수업을 운영할 수 없다. 보통의 교사 체력으로는 교과서를 버리고 실생활 연계 활동 수업으로 1,088시간의 수업 마라톤을 완주하기 어렵다. 따라서 선택과 집중이 필요하다. 역량교육을 위해서 모든 수업 주제를 실생활과 연결할 수 없고 그럴 필요도 없다. 지식 형성에 포인트가 맞춰진 성취기준의 경우 실생활과 연결하는 수업 장면을 만들 수 있지만, 억지스러운 실생활 활동 수업이 될 우려가 크다. 이런 성취기준은 지식교육에 포인트를 맞추고 학생들의 지식 형성을 위해 효과적인 수업을 하면 된다. 물론 강의식 수업이 효과적이라면 강의식 수업을 하는 게 전체 교육과정 운영 측면에서 볼 때 효율적인 교육과정 운영이 될 수 있다. 중등교사의 경우 역량을 키우는 수업이 되기 위한 교과에 대한 교사 철학도 필요하다. 사회나 도덕교사의 경우 실생활과 연계된 장면이 필수이다. 반면 수학교과와 같은 경우 실생활과 연계된 문제해결 수업도 필요하지만 수학적 문제해결능력 신장을 위한 지식중심수업이 꼭 필요하다. 역량을 키우는 수업은 중용의 미와 페이스 조절 능력이 필요한 것이다.

① 발달 단계에 따른 지식과 역량의 페이스

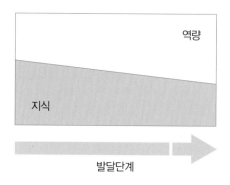

〈발달단계에 따른 지식교육과 역량교육의 비율〉

역량은 지식이라는 자원이 풍부하게 뒷받침되어 있을 때 쉽게 만들어질 수 있다. 따라서 한 아이의 초·중·고 12년 성장 단계 전체를 봤을 때 초등학교 저학년 시기에는 기초적 지식 형성에 소홀히 하지 않아야 하며 고등학생으로 갈수록 역량교육으로 무게 중심을 이동하는 것이 발달 단계에 맞는 교육 방법이라 볼 수 있다.

고등학생의 경우 학생들이 사회에 나가기 바로 직전의 시기이다. 이 시기에 아이들이 삶에서 겪을 수 있는 다양한 문제 장면에서 그동안 배운 것들을 활용하여 해결할 수 있는 역량교육에 중점을 두는 것이 아이의 미래에 도움이 될 수 있다.

② 수업 흐름에 따른 교사와 학생의 역할

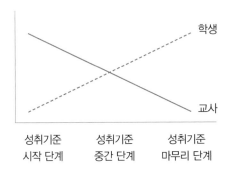

〈수업 흐름에 따른 교사와 학생의 역할 변화〉

역량중심수업이라 할지라도 수업의 모든 시간에 학생이 중심이 되어 운영되는 것은 효율적이지 않다. 지식중심수업에서도 교사가 수업 시작부터 끝까지 혼자 주도적으로 되어서는 올바른 지식 형성에 문제가 생길 수 있다. 따라서 수업이 흐르는 시점에 따라 학생과 교사의 역할 배분이 필요하다. 수업 초기에는 교사가 중심이 되어서 역량 형성을 위해 꼭 필요한 내용과 기능 등을 학생들이 체계적으로 갖추어나갈 수 있도록 도와줄 필요가 있다. 수업 후반부로 갈수록 교사는 티칭의 역할에서 코칭의 역할, 조력자의 역할로 수업을 조율하고, 아이들의 활동이 중심이 되도록 수업의 페이스를 조절해 나가야 한다.

③ 과목에 따른 교과-실생활 비율

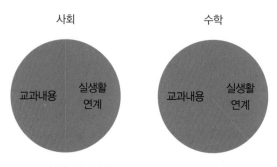

〈사회교과와 수학교과의 교과-실생활 연계 비율〉

사회교과는 실제 사회를 기반으로 만들어졌으며, 민주시민으로서 갖추어야 할 자질을 함양하기 위하여 실제 사회와 연계된 장면이 필요하다. 수학교과의 경우 확률과 통계 영역의 경우 실생활 장면과 자연스럽게 연계될 수 있으며 활용 가능성이 높다. 반면 분수의 뺄셈, 소수의 나눗셈과 같은 수업 주제는 실제 장면과 연계가 가능하긴 하지만 억지스러운 장면 설정으로 흘러갈 수 있다. 그리고 수학과의 경우 생활 주변 현상을 수학적으로 관찰하고 표현하는 경험도 중요하지만 수학적 문제 해결 능력과 추론 능력 또한 수학과의 중요한 목표이기 때문에 모든 수업주제를 실생활과 연계해야 한다는 부담을 덜 필요가 있다.

역량중심수업과 원격수업의 만남, 미래 수업

2020년 학교는 코로나19로 인하여 대혼란과 변화를 겪고 있다. 코로나19는 교육을 미래와 과거로 분류하는 교육계 역사적 사건으로 기록될 것이다. 수많은 부작용과 보완해야 할 점이 있지만 원격수업으로 언택트(Untact, 비대면) 교육의 가능성을 확인했고, 말로만 이야기해오던 미래교육이 당장 눈앞에 와 있으며, 시급히 준비해야 할 과제임을 모두가 공감하고 있다.

미래교육, 미래학교에서 말하는 수업은 어떤 모습일까? 이번 코로나19로 가능성을 확인한 '원격수업'이라는 매체가 미래교육 체제에서 중요한 역할을 차지할 것이다. 앞 장에서 이야기한 바와 같이 역량을 키우는 수업은 역량의 기초가 되는 지식 형성 수업도 함께 이루어져야 한다. 그리고 이 지식 형성이라는 수업의 목적은 원격수업의 방식으로도 충분히 이루어질 수 있으며, 때로는 오프라인 방식보다도 효율적으로 이루어질 수 있다. AI 기능을 탑재한 원격수업 플랫폼으로 학습자의 학습 속도와 성취수준 도달에 따른 최적화된 학습으로 지식 형성을 가능하게 할 수 있다. 학습주제에 따라서는 직접 역량과 관련되는 학습도 다양한 에듀테크 기술을 활용하여 원격으로도 수행할 수 있다. 클라우드 기능 활용 협업과제로 협력적 문제해결능력을 신장시킬 수 있고, 가상현실(VR·virtual reality)과 증강현실(AR·augmented reality)을 혼합한 기술 등은 학생들에게 다양한 학습 경험을 제공해줄 수 있다.

하지만 학생과 교사, 학생과 학생 간 실제 대화를 나누고 감정을 교류하며 의사소통하고, 실제 생활과 연계된 문제를 협력하여 해결하며 키울 수 있는 역량은 원격수업만으로는 키워줄 수 없다. 따라서 미래교육을 대비하는 교사는 원격수업과 오프라인 수업의 장단점을 조화롭게 구성할 수 있는 수업디자인 역량을 갖출 수 있어야 한다. 교육과정 성취기준을 분석하여 학생들이 꼭 알고 있어야 하는 지식요소의 경우 원격수업을 통하여 사전 온라인 학습과제로 제작하여 지식이 형성될 수 있도록 할 수 있다. 원격수업을 기반으로 실제 오프라인 수업에서 학생들 간 생각을 나누며 의사소통 역량을 키우고 자기 생각을 만들며, 실제 문제 장면에서 협력하여 배움을 활용하는 수업을 한다면 역량중심수업의 효과를 극대화할 수 있다.

UDL(보편적 학습 설계) 기반 미래 수업

미래 수업은 미래 핵심역량을 키우는 목표와 방향성에 대한 요인뿐만 아니라 학습자 주도 개별화 교육에 대한 고민도 함께 필요하다. 학습자 주도성의 원리에 의해 학생의 학습 성향과 수준을 고려한 보편적 학습 설계(Universal Design for learning) 방식이 필요한 것이다.

> *** 보편적 학습설계(Universal Design Learning)**
> 건축학 개념에서 사용하는 보편적 설계를 교육과정 영역에 적용하는 패러다임으로 교육과정을 수행하면서 학생들에게 발생하는 어려움을 개선하는 교육과정 설계 방법임. 보편적이란 뜻은 모든 사람에게 적용되는 한 가지의 최적화된 교육방법을 의미하지 않음. 장애 학생을 포함해 다양한 학습자들이 공통의 환경에서 수업하는 데 어려움이 없도록 교육과정 및 학습 환경을 탄력적으로 설계해야 함. 이를 위해서는 융통성 있는 수업 목적, 수업 방법, 수업자료, 평가 방법 등을 학생에 맞춰 설계하고 학습지원을 해야 함.

학습 자상	학습자원이 풍부하고 지식을 활용할 수 있는 학습자	전략적이고 목표지향적인 학습자	목적의식과 학습동기가 뚜렷한 학습자
원리	 **표상의 원리** **인지적 네트워크** 다양한 방식의 표상 수단 제공	 **표현의 원리** **전략적 네트워크** 다양한 방식의 표현 수단 제공	 **참여의 원리** **정치적 네트워크** 다양한 방식의 참여 수단 제공
수업 전략	• 학습 목표 조직화 • 질문의 다양화 • 핵심개념 이해 • 미니수업 • 그래픽 조직자	• 표현방법 선택 • 학습메뉴 • 학습선택판 • 시행착오 경험 제공 • 평가 체크리스트	• 학습속도의 다양화 • 상호작용 기회 제공 • 전문가팀 • 차등적 과제 • 학습일지

(공통전략) 이퀄라이저, 다양한 도구와 자료, 지속적이고 적절한 피드백,
유연한 집단편성, 학습계획서

조윤정 외(2019)에서 인용

성취기준의 횡적 확장(내용과 방법의 다양성)뿐만 아닌 종적 확장(수준의 다양성)을 고려한 수업을 디자인하고 이와 같은 수업이 모여 학생 개개인의 학습 성향과 수준에 맞춘 개별화 교육과정 체제가 갖추어질 수 있다.

학령인구가 큰 폭으로 감소하여 학급당 학생 수가 줄어들고, 온라인 기반 다양한 학습 플랫폼이 구현되는 미래학습 환경 체제에서는 이와 같은 개별화 수업이 실현 가능한 일이 될 것이다.

3장
·
수업루틴

수업루틴이란 무엇인가?

> **routine: 규칙적으로 하는 일의 통상적인 순서와 방법**
>
> (출처: 옥스퍼드 영한사전)

　위에서 말하는 루틴의 의미에 수업을 합성하여 '수업루틴'이라는 단어를 만들어 보았다.

　교사들은 누구나 일상적인 수업에서 자주 활용하는 수업 방법들이 있다. 수업 동기유발을 학습주제와 연계된 뉴스 영상을 활용하여 배움 내용을 학생 삶과 연계시키는 방법을 주로 쓰는 선생님이 있고, 틈새 토의라는 활동을 만들어 수업 주제에 대하여 아이들끼리 자유로운 토의 형식으로 생각을 정리하고 나누는 활동을 일상 수업에서 하는 선생님도 보았다. 수업 정리 단계에서 마인드맵이나 비주얼싱킹 등의 방법을 일상 수업에서 자주 활용하여 생각을 정리하는 활동을 하는 선생님들도 자주 볼 수 있다.

　수업 흐름에서도 교사별로 일정한 패턴을 가진 경우가 많다. 수학 수업시간에 아이들에게 먼저 개념을 설명해주고, 연습 문제를 풀어보게 한 후 모둠끼리 서로 문제를 만들고 만든 문제를 풀고 가르쳐주는 방식의 일상적 흐름으로 수업을 진행하는 선생님도 있고, 역사 수업에서 해당 시대 내용에 대하여 학생별로 사전 조사를 하게 한 후 모둠 친구들끼리 또래 선생님 되기 활동을 한 후 이 내용들을 종합하여 해당 시대의 역사 신문을 만들고, 사설 쓰기 활동의 패턴으로 수업을 진행하는 선생님들도 보았다. 특정 예시를 들어 설명했지만 교사들은 누구나 본인만의 수업 운영 흐름과 자주 사용하는 수업 방법들을 갖고 있다.

　이와 같이 교사가 수업에서 일정 수업 흐름을 지속적·반복적으로 활용하는 패턴을 보이며, 그 흐름 속 자주 활용하는 수업 방법들을 갖고 있는 경우 수업루틴이 있다고 볼 수 있다. 수업루틴은 수업모형과 다르다. 수업모형은 타인에 의하여 만들어진 것이고, 이를 수동적으로 수업에 적용해보는 것이지만 수업루틴은 본인의 수업 성향에 맞게 습관화된 것으로 교사 본인에 의하여 능동적으로 만들어지는 것이다. 또한 수업모형은 정해진 흐름과 활동으로 경직화·정형화된 수업으로 흘러갈 수 있지만 수업루틴은 수업 주제, 수업 돌발상황 등에 따라 유동적으로 재구성해 나갈 수 있다.

왜 수업루틴이
필요한가?

　수업루틴이 필요한 첫째 이유는 교사 자신을 위해서이다. 교사 중에
는 매번 다음 수업할 차시를 교과서와 지도서를 통하여 분석하고 그날
그날 하루살이 방식으로 새로운 수업을 준비하는 선생님들이 있다. 반
대로 수업루틴이 있는 선생님은 수업할 단원과 연계된 성취기준을 분
석하고 이 성취기준 도달을 위해 필요한 본인이 즐겨 사용하는 수업 흐
름으로 수업의 뼈대를 세운다. 그리고 이 뼈대에 역시 본인이 자신 있고
쉽게 사용할 수 있는 수업 방법으로 살을 찌우며 수업 준비를 마무리한
다. 하루살이식 수업 준비가 아닌 평소 수업을 하는 흐름과 수업 재료가
자원이 된 루틴에 의한 집밥식 수업으로 수업을 디자인하는 것이다.

　수업루틴이 필요한 두 번째 이유는 교사 교육과정이다. 수업루틴을
통하여 본인만의 수업 흐름과 방법들을 만들어 나가는 것 자체가 작은

단위의 교사 교육과정을 만든다는 것으로 볼 수 있다. 교과서 차시 순서대로의 교육과정 운영이 아닌 본인만의 수업 흐름에 맞추어 차시를 재구성하고, 교과서 내용이 아닌 본인이 자주 활용하는 수업 방법으로 내용을 재구성하는 것 자체가 교사 교육과정을 만들어 나가는 것이라 볼 수 있다.

셋째, 수업루틴이 수업을 단조롭게 만들 수 있다고 생각할 수 있다. 하지만 경력이 쌓여갈수록 본인만의 수업 흐름과 다양한 방법들을 정련하며 수업루틴으로 활용할 수 있는 자원들이 많아질 것이다. 실제 수업루틴이라는 것을 알고 실천해보면 다양한 수업 방법들을 내 것으로 만들어 활용해보고 싶은 욕심이 계속 생긴다. 이처럼 수업루틴이 만들어지고 이 루틴에 사용할 수 있는 자원 욕구가 계속 생겨나면서 수업은 더욱 다양해질 것이다. 이를 위해서는 남의 것을 무조건 따라 하는 것이 아닌 나와 학생들의 것으로 만들 수 있는 노력이 필요하다. 교사 자신이 능숙하게 수업에 활용하고 아이들이 유창하게 자신의 것으로 받아들이고 활동할 수 있다면 내 수업루틴의 자원으로 활용할 수 있게 되는 것이다.

넷째, 학생중심수업이 가능해진다. 수업루틴이라는 것은 교사만의 루틴이 아닌 아이들의 루틴으로도 되는 것을 의미한다. 일상적인 수업에서 자주 활용하는 수업 흐름과 방법들은 아이들에게도 몸에 익숙해진다. 아이들 기준에서도 루틴화된 수업활동으로 인하여 아이들 스스로 주도적으로 수업에 참여할 수 있게 되는 학생중심수업이 이루어질 수 있다. 이와 같은 수업에서 교사는 티칭이 아닌 코칭, 퍼실리테이터, 오케스트레이터의 역할로 변할 수 있는 것이다.

마지막으로 수업루틴이 가장 필요한 이유는 최근의 교육 흐름인 역량교육을 위해서이다. 역량교육은 결국 수업에서 이루어지는 것이다. 그런데 역량을 키우는 수업은 한 차시 수업으로 만들어질 수 없다. 역량의 포괄적 성격으로 인하여 수 차시의 수업이 필요한 경우가 많다. 이 수업들은 각자의 역할이 있으며 일정한 흐름과 순서가 필요하다. 물론 통상적인 흐름과 순서의 정답은 없다. 역량에 대한 교사 개인의 철학, 수업 성향 등에 의하여 본인만의 흐름과 순서를 만들어내면 되는 것이다. 역량을 키우기 위한 수업 방법들은 무수히 많다. 이 중 본인의 몸에 맞고 자주 활용하는 수업 방법들이 있을 것이다. 이 수업 방법들을 선별하여 앞에서 정한 수업 흐름과 순서에 맞추어 체계화하면 역량을 키우는 수업루틴이 만들어질 수 있다.

수업루틴은
어떻게 만들어지는가?

수업루틴을 만들기 위해서는 우선 본인만의 수업 철학이 있어야 한다. 이 수업 철학에 맞게 본인의 수업 흐름과 방법들이 만들어지는 것이다. 필자는 다음과 같은 수업 철학을 갖고 있다.

> 아이들에게 배움을 줄 수 있는 단 한 사람으로서,
> 제자들의 마음과 머릿속에 평생 남아 있는 선생님이 되자

위와 같은 수업 철학은 갖게 된 계기는 다음과 같다. 필자는 화성 농촌 시골학교 및 안산 저소득층 밀집 지역에서 주로 근무했다. 가정형편이 어렵거나 다문화학생 등 소외계층에 있는 아이들이 대부분인 제자들에게 배움을 줄 수 있는 유일한 사람은 교사인 나 혼자뿐이었다. 이에

학생들과 함께하는 1년 동안의 지적·정의적 성장이 제자 개개인의 인생에 평생 남을 수 있도록 수업에 모든 것을 쏟아붓고 싶었다. 평생 남는다는 이야기는 나와 함께한 수업이 아이들이 어른이 되어 실제 생활에서도 활용할 수 있는 살아있는 지식과 기능, 가치·태도가 되는 역량으로 형성됨을 의미한다. 역량이라는 것을 키워주기 위해서 나만의 수업 스타일을 만들고 싶었고 오랜 시간 아이들과 함께 적용하고 실천해 보면서 일상화된 수업 흐름과 방법을 갖게 되었다. 이와 같이 수업루틴을 만들기 위해서는 우선 본인의 수업 철학을 먼저 정립해야 한다.

둘째, 본인만의 수업루틴을 갖는다는 이야기는 교과서에 의한 교육과정 운영 방식을 벗어난다는 것을 의미한다. 이를 위해서는 교과서를 넘어선 교육과정을 볼 수 있는 눈이 있어야 한다. 아무리 본인만의 수업루틴이 있다 해도 그 수업루틴이 교육과정 성취기준을 도달시키는 데 효율적이지 못한다면 필요 없는 루틴이 되는 것이다. 수업루틴도 결국은 아이들의 배움과 성장을 위해서 있는 것이다. 따라서 교육과정 성취기준에서 요구하고 있는 지식과 기능의 포인트를 짚어볼 수 있어야 하고, 이 수업을 통해서 아이들에게 갖추어져 있어야 할 가치와 태도를 볼 수 있는 눈이 필요하다. 이 포인트를 도달시키는 데 가장 효율적인 본인의 수업루틴 자원들을 매칭해서 수업으로 디자인할 수 있다면 교육과정에서 요구하는 목표를 도달시킬 수 있을 것이다.

셋째, 수업루틴은 다양한 시도와 노력, 그리고 자기화(自己化)의 과정을 필요로 한다. 다양한 수업 기법이나 방법 연수를 들어보면 당장 내

수업에 적용해 볼 수 있을 것 같지만 실제 수업에 활용하는 것은 많은 시행착오가 필요하다. 수업시간에 활용할 수 있는 다양한 수업 방법을 가진 교사는 아이들과 몸으로 부딪혀보고 실패와 성공 경험을 통하여 자기만의 루틴으로 만든 것이다. 하브루타나 비주얼싱킹 등 다양한 수업 방법들도 정형화된 형태로 사용하는 것이 아닌 본인의 수업 성향에 맞게 다양한 방법으로 시도하고 변형해보면서 본인의 수업에 루틴화하여 자기화하여 사용하게 되는 것이다. 아이들도 마찬가지이다. 학기 초 새로운 선생님의 새로운 수업에 바로 적응할 수 없다. 처음에는 어렵고 낯설어도 반복하고 습관화한다면 이를 본인만의 학습 방법으로 체화할 수 있다.

넷째, 본인과 학생을 알아야 한다. 수업 방법은 무수히 많이 있다. 이 많은 수업 방법 중 교사에게 맞는 것이 있고, 맞지 않는 것이 있다. 교사 개인의 성향이 수업에도 반영되는 것이기 때문이다. 조용하고 내성적인 성격의 선생님에게 게임이나 액션을 활용한 수업은 맞지 않을 수도 있다. 따라서 수업루틴 만들기는 본인에게 맞는 수업 성향을 찾아가는 과정이라고도 볼 수 있다. 본인이 잘할 수 있는 수업들을 찾아, 이를 루틴화하여 내 것으로 만든다면 본인 스타일의 수업을 만들어내는 것이다.

학생들도 마찬가지이다. 내성적이고 조용한 학생들이 많은 교실에 토론식 수업을 자주 활용하는 것은 효율적이지 못할 수 있다. 학기 초 세밀한 진단 활동을 통하여 아이들의 성향, 인지발달 상태를 면밀히 파악하고 아이들에게 어울릴 수 있는 1년의 수업루틴을 만들어갈 필요도 있다.

수업루틴의 뼈대, 배움계단 수업모형

스포츠 경기를 보면 보기 좋고 아름다운 폼(골프 스윙 동작, 투수의 투구폼과 타자의 타격폼, 축구 선수의 킥 동작 등)을 가진 선수들이 있다. 그리고 대체적으로 좋은 폼의 선수는 성적도 좋기 마련이다. 좋은 폼은 바람직한 신체 메커니즘을 의미하며 이에 따라 좋은 결과가 나오는 것이다.

수업루틴도 마찬가지이다. 학생들에게 역량을 형성시킬 수 있는 바람직한 수업루틴이 형성되기 위해서는 최적화된 수업 흐름과 방법들을 갖고 있어야 한다. 역량을 키우기 위한 수업에 정답이 있는 것은 아니다. 하지만 역량의 특성을 분석하면 역량이 효율적으로 만들어질 수 있는 수업의 특징들을 찾을 수 있고 이를 묶어 하나의 긴 호흡을 가진 수업으로 만들 수 있다.

역량은 실제 맥락에 지식·기능·가치와 태도를 동원할 수 있는 능력이다. 이에 따라 지식과 기능에 대한 자원을 형성할 수 있는 수업 단계가 필요하다. 이때 지식을 아이들이 수동적으로 수용하는 것이 아닌 기능과 연계한 수용이 이루어질 수 있도록 한다(예: 글의 구조라는 '지식'을 내용 요약하기 '기능'과 함께 학습). 기능과 연계된 수용은 지식의 활용도를 높여준다. 이때 수업 방법은 학생들에게 문제 상황이나 핵심질문을 통하여 호기심을 자극하고 모둠원들의 협동을 통하여 지식을 스스로 형성해 나가게 할 수 있다. 아이들의 발달 단계에 따라 교사가 주도하여 설명식으로 지식을 형성하게 할 수도 있다. 수업 방법은 수단일 뿐 이 단계의 목적은 지식의 형성이다.

역량이 형성되기 위해서는 앞 단계에서 형성한 지식을 다른 맥락에 활용할 수 있는 힘을 키워주는 것이 필요하다. 이를 위해서 앞 단계와는 다른 성격의 수업들이 필요하다. 다른 맥락에 활용할 수 있다는 것은 지식과 기능을 자신의 것으로 만들었을 때 가능한 것이다. 배움을 자신의 언어로 표현할 수 있는 경험은 지식과 기능을 자신의 것으로 만드는 데 도움이 된다. 이렇게 학생 각자 배움을 표현하게 하고 또래 학습자의 다른 생각에 노출될 수 있는 기회를 제공하여 다름을 인지하고 이 간격을 좁혀가는 사고과정을 겪게 함으로써 자기 생각은 더 견고해질 수 있다. 이 과정에서 또래 간 의사소통 역량도 함께 신장시킬 수 있다. 이 과정은 앞 단계에서의 배움을 표현하면서 다른 맥락에 적용할 수 있도록 일반화가 이루어지는 단계이다.

마지막으로 지식과 기능이 아이들의 삶과 연계되어 활용될 수 있는 경험을 제공해주고 가치와 태도가 형성될 수 있도록 배움을 활용하는 수업이 필요하다. 이 단계는 앞에서 배운 지식과 기능이 단순히 실생활에 활용되는 경험 제공만이 아닌 실생활 맥락에서 지식과 기능을 동원하여 문제를 해결할 수 있는 수업장면 설정이 필요하다. 그리고 이 문제 장면은 학생 개인 혼자서 해결하는 것이 아닌 여럿이 협력을 통하여 함께 해결할 수 있도록 한다. 이를 통하여 협력적 문제해결능력도 함께 키워줄 수 있다. 이 단계가 마무리되면 성취기준에서 요구하는 지식과 기능, 태도가 형성되며 성취기준과 연계된 실제 맥락에서 배움을 활용할 수 있게 된다. 앞에서 제시한 역량을 키우기 위한 수업의 흐름을 정리하면 다음 표와 같다.

절차	역량을 위한 역할	수업 방법
배움 탐구	• 성취기준에서 학생들이 알고 있어야 할지식 관련 요소 학습 • 지식 요소 학습 과정에서 성취기준에 제시된 기능이 형성될 수 있도록 수업	귀납적 사고를 활용한 발견학습, 설명식 수업 등
배움 표현	• 성취기준에 대한 자기생각을 만들고 표현하는 수업 • 브레인스토밍, 글쓰기학습, 모둠미니토의 등을 활용하여 교사−학생, 학생−학생간 생각을 공유하는 수업 • 자기 생각을 정리하고 표현할 수 있는 기회 제공	토의토론, 역할놀이, 글쓰기 등
배움 활용	• 앞 단계에서 형성된 지식, 기능을 실제학생들의 생활 및 배움탐구 단계와 다른 맥락에서 활용하는 기회 제공 • 지식, 기능을 실제 맥락에서 수행으로 드러내는 과정에서 가치 · 태도가 형성될 수 있도록 지도	프로젝트 보고서 작성, 역할극 등

〈역량을 키우는 수업의 흐름〉

이 수업들은 3가지 단계로 구성되어 있지만, 앞 단계 수업이 후속 수업을 위한 발판이 되어 하나의 계단을 만든다. 각 계단 사이에는 아이들이 계단을 잘 넘고 있는지(역량의 구성요소들을 갖춰가고 있는지) 확인할 수 있는 평가가 함께 제시되어 있으며, 넘지 못했을 때(역량의 구성요소를 갖추지 못했을 때) 디딤돌이 되어줄 수 있는 피드백도 필요하다.

이를 정리하여 **배움계단 수업모형**이라는 이름을 붙여봤다. 모형이라는 이름을 붙였지만, 역량을 키우기 위한 일반적 수업 흐름이라 볼 수

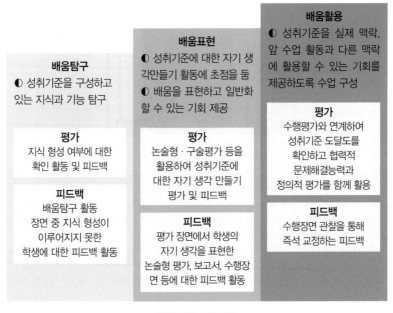

배움탐구
◑ 성취기준을 구성하고 있는 지식과 기능 탐구

평가
지식 형성 여부에 대한 확인 활동 및 피드백

피드백
배움탐구 활동 장면 중 지식 형성이 이루어지지 못한 학생에 대한 피드백 활동

배움표현
◑ 성취기준에 대한 자기 생각만들기 활동에 초점을 둠
◑ 배움을 표현하고 일반화할 수 있는 기회 제공

평가
논술형·구술평가 등을 활용하여 성취기준에 대한 자기 생각 만들기 평가 및 피드백

피드백
평가 장면에서 학생의 자기 생각을 표현한 논술형 평가, 보고서, 수행장면 등에 대한 피드백 활동

배움활용
◑ 성취기준을 실제 맥락, 앞 수업 활동과 다른 맥락에 활용할 수 있는 기회를 제공하도록 수업 구성

평가
수행평가와 연계하여 성취기준 도달도를 확인하고 협력적 문제해결능력과 정의적 평가를 함께 활용

피드백
수행장면 관찰을 통해 즉석 교정하는 피드백

〈배움 계단 수업 모형〉

있다. 실제 경험상 이와 같은 수업 흐름으로 진행했을 때 학생들이 성취기준 도달은 물론 역량 형성에도 긍정적인 영향을 줄 수 있다. 배움계단 수업모형은 기존의 수업모형과 같이 1~2차시의 짧은 시간을 기준으로 만들어진 것이 아니다. 성취기준 단위로 역량을 키우기 위해서는 역량의 자원을 갖추고 실제 맥락에서 자원을 끌어오고 활용할 수 있는 경험을 주는 수업이 필요하다.

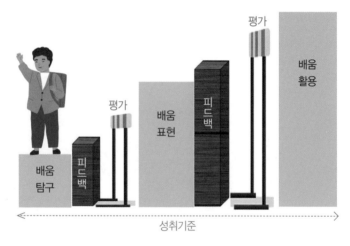

〈성취기준 단위로 만들어지는 배움 계단 수업 모형〉

그리고 자원이 잘 갖추어져 있는지, 이를 잘 활용하고 있는지를 수업이 모두 끝나고 평가하는 것이 아닌 수업이 이루어지는 해당 과정에서 평가하고 즉시 피드백을 해준다. 피드백이 없으면 역량을 위한 다음 단계는 단순 놀이가 되어버린다.

배움계단 수업모형에 의한 수업은 수 차시 이상의 수업 분량이 필요하다. 성취기준 단위 수 차시의 수업이 연속 선상의 흐름으로 하나의 계단을 만든다. 이 계단은 성취기준 단위의 작은 교육과정이라 볼 수 있다. 작은 교육과정이라 부를 수 있는 자격은 충분하다. 평가도 있고, 피드백도 있으며, 각 계단 수업마다 각자의 역할이 있기 때문이다.

교육과정-수업-평가 일체화의 본질도 이와 같다. 성취기준 단위 각자의 역할을 하는 수업들이 모이고 평가와 피드백이 함께 만들어지면 수업과 평가가 일체화되는 것이다. 이는 또 교육과정 문서인 성취기준과 수업과 평가의 연계성을 강화한다. 이런 성취기준들이 모이면 전체 교육과정이 교육과정-수업-평가가 일체화된 상태가 되는 것이다.

배움계단 수업 그림을 더 확장해서 생각해볼 필요가 있다. 배움 계단 수업의 마지막 3번 계단은 1, 2번 계단에서의 배움을 실제 맥락에 활용하는 계단이다. 이 실제 맥락 3번 계단은 공유가 가능하다. 다문화 광고 만들고 발표하기라는 3번 계단은 국어(매체를 활용하여 효과적으로 발표하기) 성취기준과 도덕(인권), 사회(다문화) 성취기준과 공유가 가능한 계단이다. 실제 맥락은 교과 내용이 총합적이고 맥락적인 성격을 띠며 만들어지는 것이기 때문에 여러 교과나 학습주제의 내용들이 함께 녹아 들어가는 것이 자연스럽다.

따라서 마지막 3번 계단을 공유할 수 있는 눈과 이를 조합하여 복합적인 계단으로 설계할 수 있는 건축기술이 필요하다. 3번 계단을 공유할 수 있는 눈은 성취기준 조망도이며, 복합적인 계단으로 설계할 수 있는 힘은 프로젝트 교육과정 설계 원리라 볼 수 있다.

계단을 공유하는 건축기술(배움계단 수업들의 조합)은 그동안 평면적인 2차원 프로젝트 교육과정에 수업과 평가의 체계적 조합을 고려한 3차원 프로젝트 교육과정 설계라 볼 수 있다.

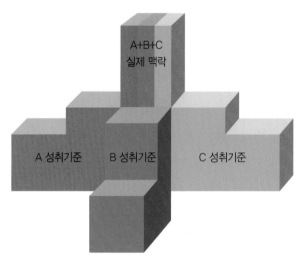

〈성취기준 간 3단계를 공유한 배움계단 수업모형〉

6개의 루틴,
역량을 키우는 수업이 되다

① 루틴1 - 배움과 만나다

앞의 배움계단 수업모형을 바탕으로 역량을 키우는 수업의 단계별 특징을 정리하여 그림으로 표현해보았다. 수업의 시작은 학생과 배움의 만남이다. 교사는 학생들에게 지적 호기심을 불러일으켜 지식을 탐구할 수 있도록 수업한다. 지적 호기심을 불러일으키는 데는 핵심질문과 수업 주제에 맞는 학습 자료들이 활용된다. 핵심질문과 학습 자료를 활용하여 그림 속 여러 개의 형광등과 같이 각자 인지구조에 의한 다양한 생각들이 만들어진다.

② 루틴2 - 생각을 나누다

  학생과 학생 간 생각의 만남, 교사와 학생 간 생각이 만난다. 생각의 만남은 학생 개개인의 생각을 더욱 자라게 한다. 나와 다른 생각에 부딪히고 서로 의견을 나누며 학생의 배움은 더욱 자란다. 이는 비고츠키의 사회적 구성주의 근접발달 이론에 해당하는 장면이다.

  생각과 생각의 만남은 교육과정 총론에서 제시된 핵심역량도 신장시킨다. 서로의 생각을 교환하면서 의사소통능력, 지식정보처리역량이 함께 신장된다. 학생들이 서로 생각을 나누고, 교사는 이 생각의 나눔이 촉진될 수 있도록 오케스트라 지휘자 역할을 한다.

③ 루틴3 - 생각을 모아 구름을 만들다

아이들의 생각들이 모여 교실 위 구름이 만들어진다. 교실 속 구름(생각 모음)을 만드는 이유는 학생들이 서로의 생각을 최대한 많이 공유할 수 있도록 하기 위함이다. 구름을 만드는 법은 생각 모음판, 포스트잇 활용 브레인스토밍, 헥사곤 자석보드 등을 활용한 물리적 방법도 있고, 학생 발표를 듣고 옳고 그름을 이야기하는 것이 아닌 모든 아이와 공유하고 생각해보는 활동도 구름 만들기에 해당한다.

④ 루틴4 - 생각의 비가 내리다

　아이들은 구름 속 많은 친구의 생각과 만나면서 인지적 갈등을 겪고 이를 조정해나간다. 그리고 구름이 비가 되어 아이들의 머릿속에 들어온다. 아이들이 구름 속 모든 생각을 자신의 것으로 만들 수는 없지만, 비를 맞으며 처음 생각보다 더욱 깊고 넓어진 생각으로 발전한다. 이 과정은 수업이지만 평가로도 볼 수 있다. 수업 중 자신의 생각을 선생님, 다른 친구들의 생각과 비교하면서 자신의 성취수준을 알 수 있고 선생님과 다른 친구들의 생각이 피드백이 되면서 성장할 수 있는 영양분이 되는 것이다.

⑤ 루틴5 - 배움을 표현하다

구름을 보고 비를 맞으며 아이들의 생각은 한층 더 자라났다. 처음 기억과 모방, 단순이해 수준에 머물렀던 생각에서 자기 생각이 만들어진 것이다. 이렇게 만들어진 자기 생각을 표현해 볼 수 있도록 해야 한다. 표현방법은 글, 보고서 등 학습주제에 맞게 다양한 시각자료를 활용할 수 있다. 생활 장면과 연계된 실제 수업 장면을 제시하기 어려운 경우 생각 표현 주제를 아이들 삶과 연결할 수 있다. 이 과정을 통해서 아이들의 자기 생각은 날개를 달고 세상 속으로 나아갈 수 있는 상태가 된다.

⑥ 루틴6 - 배움, 세상과 만나다

아이들의 마음속에 있는 배움이 세상과 만난다. 단순히 세상과 만나는 것이 아니라 그동안 수업을 통해 알게 된 것, 할 수 있게 된 것을 모두 활용하여 해결하는 문제 장면에 접하게 된다. 이 문제 장면은 혼자 해결하기 어렵지만 그동안 생각을 나눠온 친구들이 있기 때문에 문제없다. 친구들과 함께 협력하며 그동안 배운 것들을 활용해 해결해나간다. 그리고 모두 모여 서로가 해결한 것들을 공유하고 다시 한 번 성장한다.

저자의 수업루틴 들여다보기

　필자의 수업 철학인 역량을 키우는 수업을 위하여 앞 장에서 소개한 6개의 루틴을 뼈대로 하나의 수업을 만든다. 실제 수업 장면을 통하여 저자의 수업루틴을 소개해 보도록 하겠다.

수업루틴 소개 방법

소개 방법 : 두 명의 교사가 수업을 위해서 고민하고 실천하며
　　　　　　성찰하는 방식으로 대화체를 사용하여 소개
　　　　　　(등장인물: A 교사(저자) - 경력 18년 차, B 교사 - 경력 7년 차)

소개 순서 : 수업 전 수업을 준비하는 수업 준비 루틴과
　　　　　　배움계단 수업모형에 의하여 단계별 수업 실행 루틴 소개

수업준비 루틴	→	배움 시작 수업루틴	→	배움 탐구 수업루틴	→	배움 표현 수업루틴	→	배움 활용 수업루틴

※ 각 단계별 실제 수업 사례와 방법 및 운영 노하우 등을 성취기준 단위로 소개

A 교사: 선생님은 수업을 어떻게 준비하세요?

B 교사: 저는 매일 아이들 보내고, 교과서와 지도서를 보면서 교재 연구를 하거나 선생님들이 많이 보는 사이트에서 아이들과 함께할 활동 거리 들을 찾아보면서 수업 준비를 해요.

A 교사: 수업 준비를 열심히 하시는 모습이 보기 좋으시네요.

그런데 선생님이 하신 말씀 중 교재 연구라는 단어를 다시 생각해보아야 하지 않을까요? 선생님께서는 말 그대로 교재 연구를 열심히 하고 계신 것 같아요. 교재는 교과서를 말하는 거예요. 선생님께서 하고 계신 수업 준비는 교사용 지도서를 갖고 교과서를 어떻게 가르칠까 연구하고 계신다는 것이지요. 선생님뿐만 아니라 수업 준비를 교재 연구프레임에 갇혀서 하는 경우가 대부분이에요.

B 교사: 선생님 말이 무슨 뜻인지는 알겠어요. 그런데 선생님도 교사니까 아시잖아요. 아이들 보내고 업무나 공문 처리하면 바로 퇴근 시간인데 교과서 없이 수업 준비하라는 말은 저에게는 야근하라는 이야기로밖에 안 들려요.

A 교사: 맞아요. 지금 교사의 연간 수업시수, 업무 현실 등 제반 여건을 봤을 때 교과서 없이 수업하는 것은 무리가 많이 따르는 것이 현실이에요. 그래서 교과서를 활용하지만 교과서의 지위를 바꿔보자는 말이에요. 교과서를 수업의 주인이 아닌 수업의 재료로 활용을 해보자는 말이에요.

B 교사: 이해가 명확히 안 되네요. A 선생님의 실제 수업 준비 사례를 보여주시면 이해가 될 것 같아요.

A 교사: 네. 그럼 제가 수업을 준비하는 일상적인 절차와 방법 들을 보여드릴게요.

① 수업 준비 루틴

A 교사의 수업 준비 루틴

1. 성취기준에서 배움 포인트 짚기

저는 수업 전 교육과정 성취기준을 먼저 찾아봐요. 교육청에서 제공한 성취기준 단원 연결표를 찾아보면 교과 단원 및 차시별 연계 성취기준을 확인할 수 있어요. 이 성취기준을 분석하면 무엇을 어떻게 가르쳐야 할지가 드러나요. 성취기준을 보고 아이들이 알아야 할 것(지식)과 할 수 있어야 할 것(기능), 그리고 수업이 끝난 뒤 아이들이 지녀야 할 태도나 가치를 선정하지요.

성취기준 분석 틀은 다음 표를 활용해요.

성취기준 분석 틀

성취기준

지식(Know)

- 성취기준 문장 중 주로 주어(主語)부에 해당함
- 성취기준을 통하여 알고 있어야 할 것으로 분석되는 요소
- 수업과 평가에서의 활용
- 수업에서 활용: 수업주제와 연결됨
- 평가에서 활용: 평가도구 개발 시 평가요소와 연결됨

기능(Do)

- 성취기준 문장 중 주로 동사(動詞)부에 해당함
- 성취기준을 통해 할 수 있어야 할 것으로 분석되는 요소
- 수업과 평가에서의 활용
- 수업에서 활용: 지식에 대한 수업 제재를 어떤 수업 방법을 써야 할지를 결정하는 요소
- 평가에서 활용: 해당 기능요소인 수행을 확인하기 위한 평가 방법을 선정하는 데 활용됨

가치·태도(Be)

- 지식, 기능과 연관된 가치·태도가 필요한 경우 성취기준에 포함되어 제시되어있음
- 수업과 평가에서의 활용
- 수업에서 활용: 성취기준에 제시된 가치·태도가 형성될 수 있는 수업 활동 선정
- 평가에서 활용 : 정의적능력 평가 실시

출처: 유영식(2018), 『교육과정 문해력』

먼저, 사회과 성취기준을 예로 들어볼게요.

> **성취기준 – 우리나라의 위치와 영역이 지니는 특성을 설명하고,
> 이를 바탕으로 하여 국토 사랑의 태도를 기른다.**

· 알고 있어야 할 것(지식): 우리나라의 위치와 영역이 지니는 특성
· 할 수 있어야 할 것(기능): 설명하기
· 지녀야 할 가치와 태도: 국토 사랑의 태도를 기르기

이렇게 지식요소와 기능, 가치·태도 요소로 분석되는 배움 포인트를 짚어본 후 앞 장에서 제가 소개한 '역량을 키우기 위한 배움 계단 수업 모형'에 이 3가지를 넣어요.

배움탐구 – 우리나라의 위치와 영역 학습 – 위치와 영역의 특징 찾기 (개인별)	**배움탐구** – 우리나라 위치와 영역의 특징 모둠 생각 모음 활동 – (생각 모음 활동 후)내가 생각하는 우리나라 위치와 영역의 특징 쓰기	**배움탐구** – 다른 나라 친구에게 소개하는 우리나라 홍보 자료 만들기 (모둠 협력 활동) ※ 우리나라 국토를 사랑하는 마음이 느껴질 수 있도록 제작

다음, 수학과 성취기준을 예로 들어볼게요.

> **성취기준 – 직사각형의 넓이를 구하는 방법을 이해하고,
> 이를 통하여 직사각형과 정사각형의 넓이를 구할 수 있다.**

· 알고 있어야 할 것(지식): 직사각형과 정사각형의 넓이
· 할 수 있어야 할 것(기능): 넓이 구하는 방법 이해하기, 넓이 구하기

B 교사: 선생님, 그럼 이처럼 지식과 기능으로만 구성된 성취기준은 가치·태도 요소를 키우지 않아도 되나요?

A 교사: 수학교과의 경우 개별 성취기준에 가치·태도 요소가 제시되지 않지만 수학 교과 수업들을 통해서 수학의 가치를 인식하고 자주적 수학 학습 태도를 형성할 수 있도록 지도하면 됩니다. 수학교과처럼 성취기준에 가치·태도 요소가 제시되지 않은 교과들이 있어요. 이 경우 수업에 가치·태도 요소를 무리하게 연결하는 것보다는 교과 교육과정 문서에 제시되어 있는 교과에서 추구하는 정의적 요소를 여러 수업을 통하여 종합적으로 길러질 수 있도록 수업하는 것이 효율적이에요. 매 수업 가치 태도를 형성시킨다는 개념이 아닌, 교과의 여러 수업을 종합하여 해당 교과에서 강조하는 정의적 가치·태도 요소가 형성될 수 있도록 수업하는 것이 제가 추천하는 방법이에요. 성취기준으로 짚어본 배움 포인트로 아래와 같이 수업 계단을 만들어요. 이번 수업 준비도 역시 배움계단 수업모형을 활용해보았어요. 그리고 앞의 사회과 수업 계단도 평가가 제시되어 있는데, 이번 수학 사례는 확인하기 쉽게 평가와 피드백 사항도 함께 제시해보았어요.

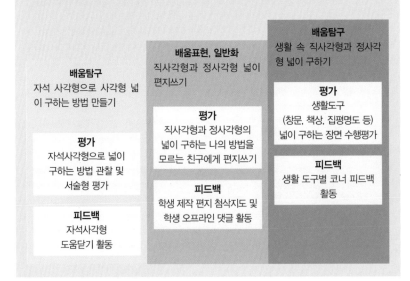

B 교사: 선생님이 만드신 배움계단 수업모형이 활용도가 높네요. 항상 이 3단계 계단으로 수업을 준비하시나요?

A 교사: 일반적으로 배움계단 수업모형의 3단계 흐름으로 수업을 하면 역량을 키우는 수업에 다가갈 수 있다고 봐요. 하지만 모든 성취기준이 3단계를 다 거치도록 만들어질 필요는 없다고 생각해요. 1~2단계 수업만으로도 아이들의 역량이 형성되는데 소중한 자원을 만들어주는 것이 가능한 성취기준들이 있더라고요.

B 교사: 예를 들어 주실 수 있을까요?

A 교사: 고학년 수학과 수와 연산(예: 혼합계산) 영역은 생활 속 문제 장면으로 활용하는 3단계 수업을 만들 수는 있지만, 너무 억지스러운 장면이 된 경우가 많았어요. 이 경우 아이들이 생각의 힘을 키우는데 수업 포인트를 맞춰, 1~2단계의 배움계단으로 수업하기도 해요.

B 교사: 선생님이 만드신 배움계단이 활용도가 높아 보이기는 하는데, 이 계단만 갖고 수업이 준비되었다고 하기는 힘들 것 같아요.

A 교사: 네, 맞아요. 계단 만드는 것까지가 첫 번째 수업 준비 루틴이에요. 그다음은 계단에 색을 입힌다고 할까? 계단의 뼈대는 만들었으니 계단의 디테일을 만들어가는 게 필요한 거지요.

계단의 디테일을 위해 각 단계별 제가 자주 사용하는 수업 방법들이 있어요. 배움단계별 목표를 달성하는데 최적화된 수업 활동들을 만들어본 거지요.

그리고 교과서를 찾아봐도 성취기준을 생활 속에 활용할 수 있는 좋은 활동들(주로 교과서 단원 끝부분)이 많이 있어요. 이런 활동들은 그냥 써도 역량을 키우는 데 좋은 자료가 되는 것이 꽤 많이 있어요. 그리고 유튜브나 선생님들이 많이 활용하시는 커뮤니티 사이트도 참고해요. 이 자료들로 계단의 디테일을 더해가며 수업을 준비하는 거지요.

B 교사: 이 부분은 흔히 일반적인 선생님들이 하시는 수업 준비 방법과 비슷한 것 같네요.

A 교사: 제 수업 준비 루틴의 핵심은 역량에 대한 저만의 생각, 그리고 교육과정 성취

기준의 배움 포인트 짚어보기, 이를 위한 수업 흐름을 만들어 두었다는 거예요. 이렇게 수업을 하면 각 수업들의 역할과 방향성이 명확해져요.

그리고 수업 준비할 때마다 '이번 단원은 어떻게 수업할까?'에 대한 고민, 무계획적으로 좋은 자료만 다운받는 수업 준비가 아닌 항상 해왔던 흐름과 방법으로 쉽고 편하면서 체계적인 수업 준비가 돼요. 이게 제가 수업을 준비하는 루틴이에요.

② 수업 시작 루틴

B 교사: 이제 선생님의 수업 하는 모습을 보고 싶어요.

A 교사: 제 수업은 아래 그림을 바탕으로 소개해드릴게요.

아래 그림이 배움계단 수업모형에 맞추어 제가 일반적으로 하는 수업 흐름이에요.

위 그림 흐름에 맞추어 각각의 그림에 해당하는 실제 수업 방법들이 있어요. 이 흐름과 방법들이 아이들의 역량을 키워주기 위한 저만의 수업루틴이라 할 수 있어요.

핵심질문으로 수업 시작하기

B 교사: 요즘 핵심질문에 대한 이야기가 많아요. 선생님이 갖고 계신 핵심질문에 대한 생각을 듣고 싶어요.

A 교사: 그동안 수업의 시작은 동기유발 - 학습목표 제시 순서로 항상 이루어져 왔었어요. 아이들의 지적 호기심 자극과 수업의 방향성 제시 역할을 하는 것이지요. 저는 이 역할을 핵심질문이 더 잘할 수 있다고 봐요. 성취기준의 배움 포인트를 담아내어 아이들이 쉽게 생활 속에서 접할 수 있는 소재로 질문을 만들고 시작한다면 지적 호기심의 효과가 배가 될 수 있다고 봐요. 실제 제가 자주 하는 동기유발과 핵심질문 제시 방법을 보여드릴게요.

저는 핵심질문이 지적 호기심 유발의 효과를 극대화하기 위해서는 아이들과 친근한 소재를 활용해야 한다고 생각해요. 이를 위해서 실제 생활 소재와 성취기준 배움포인트를 합해서 핵심질문으로 만들어요. 이 질문을 통해서 아이들에게 배움계단을 밟을 수 있는 지적 욕구를 자극하는 것이지요. 그리고 이 질문을 학습동기 유발로만 활용하는 것이 아니라 수업의 마지막 단계까지 끌고 가기도 해요. 아이들이 생활 속에서 넓이를 구해야 하는 상황인데 아직 배우지 못하여 어떻게 해결해야 할지를 핵심질문으로 제시하고, 실제 해결과정은 배움계단 수업모형의 3단계에서 다루는 것이지요.

이 경우 핵심질문이 수행평가로 연결될 수 있어요. 선생님들이 백워드 교육과정 설계(교육목표 선정 → 수업활동 선정 → 평가 활동 선정 순서의 Tyler식 교육과정 설계에서 교육목표 선정 → 평가 활동 선정 → 수업 활동 선정 순서로 교육과정을 설계하는 방식)를 많이 활용하시고 계시는데, 이 교육과정 설계와 연결되는 것이지요. 백워드 설계에서 교육목표 도달도를 확인할 수 있는 수행평가 장면을 선정해요. 이때 수행평가의 문제 장면을 핵심질문으로 설정해서 아이들에게 수업 시작 단계에서 먼저 터트리고 시작하는 방법이 있어요. 이 경우 핵심질문이 수업을 지탱하는 지지대 역할을 할 수 있어요.

예를 들어 "고장 사람들의 생활과 밀접하게 관련이 있는 지역의 다양한 중심지(행정, 교통, 상업, 산업, 관광 등)를 조사하고, 각 중심지의 위치, 기능, 경관의 특성을 탐색한다."성취기준을 바탕으로다음과 같이 핵심질문을 만들 수 있어요.

우리 ○○시의 시청, 터미널, 예술회관은 어디에 있습니까?

왜 그 위치에 있을까요?

위와 같은 질문이 호기심의 역할도 하면서 이 질문에 대한 답을 찾아나가는 과정이 수행평가 과제 해결 장면으로 연결되는 것이지요.

B 교사: 배움포인트를 담아 아이들이 실제 부딪힐 수 있는 생활 사례들로 핵심 질문을 만들면 지적 동기유발 효과뿐만이 아닌 수업부터 평가까지를 꿰뚫을 수 있는 예리한 질문이 될 수 있겠네요.

③ 배움 탐구 루틴

수업의 첫 계단 - 배움탐구

B 교사: 배움을 탐구하는데 효과적인 선생님만의 방법이 있나요?

A 교사: 많은 교과목이 있고 또 교과별로 다양한 영역들이 있어요. 이 많은 교과, 영역 모두 통용될 수 있는 만능의 배움 탐구 활동은 없다고 봐요. 교과·영역·성취기준에 따라 배움에 접근하는 방식은 다양할 수밖에 없지요. 많은 선생님이 하고 계시는 수업들 모두 배움에 접근하는 수많은 방법 중 하나인 것이지요. 이 단계에서 중요한 것은 교사 관점의 만능 수업 방법을 찾는 것이 아니라 학생 머릿속 사고를 보는 관점이 필요해요. 교사가 던져준 밖에서 들어오는 지식인지 아니면 아이들의 사고를 자극하여 머릿속에서 지식이 싹트고 피어나고 있는지를 보는 관점이 필요해요.

B 교사: 무슨 말씀인지 조금 감이 잡히는 것 같아요! 선생님이 하신 말씀이 수업을 가르침의 관점에서 보는 것이 아닌 아이들의 배움의 관점에서 본다는 의미로 이해되네요.

A 교사: 같은 맥락이지요. 배움을 탐구하는 활동을 교사 가르침 관점으로 보면 다양한 방법만을 생각하게 돼요. 교사가 수많은 방법으로 수업을 하더라도 아이들의 머릿속 지식이 만들어지는 방식은 수동적인 지식이냐 능동적인 지식이냐 둘 중 한 가지인 거예요.

A 교사: 그래서 저는 배움계단 수업모형의 첫째 계단 배움탐구 활동에서는 '배움 도움닫기' 자료를 활용한 아이들이 스스로 배움을 찾고 탐구해 나가는 데 중점을 두고 있어요.

삼각형 분류 성취기준을 위한 배움 탐구 활동의 예를 들어볼게요.

> 성취기준 - 여러 가지 모양의 삼각형에 대한 분류 활동을 통하여
> 직각삼각형, 예각삼각형, 둔각삼각형을 이해한다

A 교사: 삼각형 분류 방법을 제가 처음부터 강의식으로 설명하고 수학책과 수학익힘책의 문제를 풀어보게 하는 방식으로 수업을 진행할 수도 있어요. 하지만 저는 아이들이 스스로 탐구해보면서 삼각형 분류 방법을 찾을 수 있도록 했어요.

 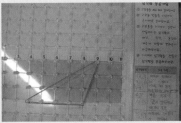

위에 있는 사진은 아이들이 스스로 삼각형을 숫자에 맞게 걸어보면서 각의 크기에 따른 삼각형의 특징을 알아갈 수 있도록 한 배움 도움닫기 자료예요.
직육면체의 겉넓이를 구하는 아래 성취기준도 마찬가지예요.

> 성취기준 – 직육면체와 정육면체의 겉넓이를 구하는 방법을 이해하고,
> 이를 구할 수 있다.

실제 직육면체의 겉면(직사각형)을 떼어내고, 겉면(직사각형)의 넓이를 이용해서 직육면체 겉넓이 구하는 방법을 아이들 스스로 찾아낼 수 있게 한 것이지요. 그리고 모둠 학생들이 함께 해결방법을 찾거나 서로의 해결방법을 공유할 수 있도록 해요. 서로의 생각들을 나누면, 지식의 깊이와 폭이 넓어질 수 있어요.

B 교사: 아! 이제 선생님의 수업루틴 첫 번째 그림의 의미를 알겠어요. 배움 도움닫기로 지식을 교사가 직접 건네주는 것이 아닌 아이들 머릿속에서 샘솟게 하는 것이었군요.

더 소개해주실 배움탐구 활동들이 있으신가요?

A 교사: 위에 소개한 배움 도움닫기 자료들은 제가 준비한 자료로 이루어지는 활동들이고, 아이들이 준비한 자료로 지식을 형성해 나갈 수 있도록 수업을 하기도 해요. 성취기준에 따라 아이들이 조사자료를 직접 제작하고, 이 자료를 바탕으로 지식을 형성할 수 있게 하는 활동들도 자주 해요. 앞의 수업과 다른 점은 아이들이 배움 도움닫기 자료를 직접 만드는 것이지요.

> 성취기준 – 우리나라와 관계 깊은 나라들의 기초적인 지리 정보를 조사하고,
> 정치 · 경제 · 문화면에서 맺고 있는 상호 의존 관계를 탐구한다.

위와 같은 성취기준들은 아이들에게 '조사' 기능을 요구하고 있어요. 요구하는 기능 그대로 아이들에게 성취기준 관련 자료를 조사해서 학습자료를 만들 수 있도록 해요. 이렇게 만들어온 학습자료는 단순 과제가 아닌, 또 다른 아이들의 학습을 위한 소중한 자료가 되는 것이지요.

B 교사: 서로 조사한 것을 바탕으로 가르쳐주고 배우며 지식이 깊고 풍성하게 아이들 머릿속에 자리매김할 수 있겠어요. 모든 수업을 이렇게 아이들 스스로 지식을 형성할 수 있도록 준비하시나요?

A 교사: 성취기준에 따라 제가 직접 아이들에게 필요한 지식을 주는 것이 효율적인 경우도 있어요.

> 성취기준 – 문장에 따라 알맞은 문장 부호를 사용한다.
> 성취기준 – 디지털 영상 지도 등을 활용하여 주요 지형지물들의 위치를 파악하고, 백지도에 다시 배치하는 활동을 통하여 마을 또는 고장의 실제 모습을 익힌다.

문장 부호에 대한 국어 성취기준, 디지털 영상 지도에 대한 사회성취기준 같은 경우 문장부호의 의미, 디지털 영상지도의 활용법은 전체 아이들을 대상으로 설명식 수업 방법을 활용해요. 성취기준 단위로 수업을 보았을 때 성취기준 시작부터 끝까지 설명식 수업만으로 진행하는 것은 역량을 위한 수업과는 거리가 멀어요. 하지만 전체 과정 중 교사의 설명이 효율적인 내용과 시점이 필요할 때가 있어요. 이때는 설명식 수업 방법을 활용하는 것이지요.

B 교사: 책 앞부분의 역량중심수업 중용의 미와 페이스가 생각나네요. 아이들과 교사의 활동 페이스 조절이 중요한 것 같아요.

A 교사: 네, 배움계단 수업모형의 첫 단계인 배움탐구 수업은 여러 가지 사례를 보여드렸지만 공통적으로 아이들이 지식을 스스로 만들어갈 수 있는 도움닫기 자료를 활용해요. 도움닫기 자료는 제가 만들 수도 있고, 아이들이 스스로 만들 수도 있어요. 때로는 저의 설명으로 배움을 위한 도움닫기를 제공하는 경우도 있고요. 중요한 것은 배움 도움닫기 자료를 활용하여 서로 가르쳐주고 배우며 지식을 아이들 스스로 만들어간다는 거죠.

B 교사: 그럼 바로 다음 계단으로 수업이 진행되나요?

A 교사: 배움계단 수업모형의 둘째 계단으로 넘어가기 전 허들을 하나 설치해두어요. 이 허들은 아이들이 기본적인 지식을 갖추고 있나를 확인하는 것이지요. 아이들이 10명 이하 소인수 학급의 경우 교사가 아이들 각자의 지식 형성 여부를 알 수 있지만 25명 이상의 학급에서는 지식이 형성되지 않은 것을 모르고 다음 수업으로 넘어갈 수도 있어요. 그래서 아이들의 지식 형성 여부를 확인할 수 있는 평가 성격의 활동을 하고 다음 계단으로 넘어가요.

위 사진처럼 꼭 알고 있어야 할 것을 확인할 수 있는 카드 형식으로 제작하여 해결할 수 있으면 그 카드를 갖고, 모르는 경우 따로 모여 교사 혹은 동료의 도움으로 해결할 수 있는 도움 활동을 줘요. 일종의 다음 계단을 위한 통행권의 의미인 것이지요. 이와 같은 방식 외에도, OX 퀴즈, 골든벨 등의 방식으로 아이들의 지식 형성 여부를 확인해요.

중요한 것은 첫째 계단에서 갖고 있어야 할 것들을 잘 가지고 있나를 확인하고, 아직 갖지 못한 것을 다시 한번 채워주는 활동을 하고 그다음 계단으로 넘어간다는 것이에요.

④ 배움 표현 루틴

수업을 위한 두 번째 계단 – 배움 표현

B 교사: 2단계 수업은 어떤 방식으로 이루어지나요?

A 교사: 배움계단 수업모형의 두 번째 계단 목표는 자기 생각 만들기에 있어요. 단순히 성취기준에 대한 지식 형성, 이해를 넘어 아이들만의 생각을 만들어주는 단계에요. 그리고 생각을 만들어주기 위해서 생각 나누기, 생각 모으기, 생각 표현하기 수업 활동을 주로 해요.

생각 나누기, 생각 모으기, 생각 표현하기 수업 활동은 서로 선순환 관계에 있다고 보시면 돼요. 생각 표현하기 활동을 통해서 생각 나누기와 모으기가 더 활발하고 풍성해질 수 있고, 생각 나누기와 모으기를 통해서 함께 만든 생각들이 각자의 표현에 영양분이 되는 것이지요.

-생각 나누기

B 교사: 생각 나누기 수업은 어떻게 하시나요?

A 교사: 생각 나누기는 짝 혹은 모둠 단위 소그룹 학생들 간 생각을 공유할 수 있도록 해요. 이를 위해 '서당활동'이라는 저만의 수업 방법을 만들었어요. 아래 도덕 성취기준을 예로 들어볼게요.

> **성취기준** – 가족을 사랑하고 감사해야 하는 이유를 찾아보고, 가족 간에 지켜야 할 도리와 해야 할 일을 약속으로 정해 실천한다.

모둠 인원이 둘러앉아 서로를 보며, 가족을 사랑하고 감사해야 하는 각자의 다양한 이유와 사례를 말하고 들어봐요. 그리고 제가 모둠별로 돌아다니면서 옛 서당에서 스승과 제자들이 대화를 나누듯 아이들 생각 하나하나에 피드백을 해주고, 이를 다른 친구들과 함께 나눠보는 것이에요. 도덕을 예로 들었지만, 국어 말하기 듣기 영역, 수학의 자기만의 문제해결 방법 등 타 교과에서도 활용도가 높아 주로 하는 생각 나누기 방법이에요.

B 교사: 기존의 토의토론 수업과 다른 점은 무엇일까요?

A 교사: 토론과 같이 일정한 형식을 갖춘 토론은 아니지만 저와 아이들만의 약속이 있어요.

서당활동 약속
1. 돌아가며 한 번씩 이야기하기
2. 친구의 이야기가 끝났을 때, 친구 생각 평가해주기
3. 모든 친구의 이야기 후 처음 생각과 변화된 생각 말하기

이 약속을 아이들하고 정하고 3월에는 서로 얼굴을 쳐다보면서 말하는 연습을 많이 해요. 처음에는 어색해하지만 시간이 지나면 아이들이 라포가 생기면서 잘 듣고 어렵지 않게 이야기를 해요. 그리고 저도 아이들의 서당활동에 함께하려 해요. 아이들의 이야기를 들은 후 살을 덧붙여주고, 모든 아이가 더 잘 받아들일 수 있게 조금 더 쉬운 설명과 예시들로 공유해주는 역할을 하려고 노력해요. 때로는 둥글게 둘러 앉아있는 아이들에게 질문도 던져보기도 하고요. 이렇게 교사도 함께하는 점 때문에 서당활동이라는 이름을 붙여봤어요.

교실 공간이 허락한다면 서로에 집중하기 위해 아이들과 서로 둥글게 앉으려고 해요. 말하기의 기본은 경청이니까요. 여섯 명이서 책상에 딱딱하게 앉아 이야기하는 것보다 물리적 거리감이 줄어들다 보니 서로 이야기하기가 편한 점이 있더라고요.

B 교사: 모든 수업마다 이렇게 서당활동을 하시나요?

A 교사: 될 수 있으면 서당활동을 많이 하려 해요. 배움계단 수업모형의 첫째 계단 (배움탐구) 수업 후 "얘들아 이제 서당활동을 해볼까?" 하면, 아이들이 정해진 서당 모둠별로 둘러앉아요. 그리고 아래와 같이 이야깃거리를 던져줘요.

> (민주주의 수업 후) 민주주의는 (   )이다. 그 이유는?

B 교사: 서당활동 이외 어떤 활동들을 더 하시나요?

A 교사: 모둠원들이 모둠 공동의 문제를 만들고, 모둠끼리 문제를 바꿔가며 해결하는 활동을 하기도 해요.

 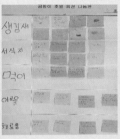 

-생각 모으기

B 교사: 생각 모으기 활동은 생각 나누기와 어떤 점이 다른가요?

A 교사: 생각 나누기는 짝·모둠 단위로 생각을 표현하고 나누는 데 중점을 두었다면, 생각 모으기는 수업에 참여한 모든 학생의 생각을 하나의 공간에 서로 모아보는 활동이에요.

A 교사: 생각 모으기가 필요한 이유는 무엇인가요?

B 교사: 생각 모으기는 자기평가와 동료평가, 그리고 피드백의 효과를 제공할 수 있어요. 배움탐구, 생각 나누기를 통해 아이들이 만들어진 생각들을 한 공간에 모아두고 이를 공유하면 다른 아이들의 생각을 통해서 나의 위치를 가늠할 수 있어요. 그리고 생각모음터에 모인 반 친구들의 다양한 생각들은 학생 개개인에게 좋은 피드백 자료가 될 수 있는 것이지요. 모델링이 피드백으로서 작용하는 것이지요. 생각모음터에 모인 생각들을 보고 모델링이 될 수 있는 친구에게 직접 물어보고 배우며 동료 코칭을 통한 피드백이 될 수도 있어요.

B 교사: 다음 쪽에 있는 사진들을 보니 아이들의 생각을 물리적으로 모아 서로 확인할 수 있도록 해두셨네요.

A 교사: 저는 생각 모으기를 교실 속 구름 만들기라고 해요. 아이들의 다양한 생각(수증기)을 최대한 모을 수 있는 구름(생각모음터)을 만들고, 이 구름이 비가 되어 아이들 머릿속에 최대한 많이 들어갈 수 있도록 하는 게 생각모음터의 목표예요.

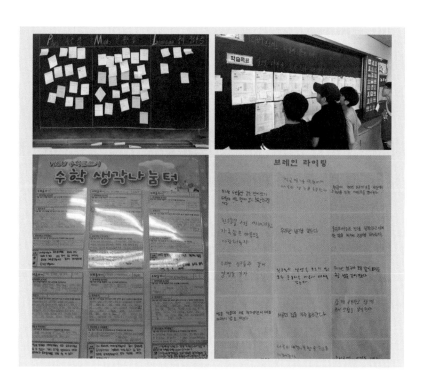

- 생각 쓰기

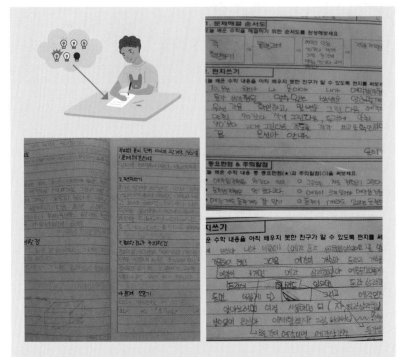

B 교사: 생각 쓰기는 수업에서 어떤 의미를 갖고 있나요?

A 교사: 생각을 나누고 모으는 활동으로 받아들인 많은 생각을 자기 언어로 정리하면서 생각 만들기 역할을 하는 수업이에요. 수업 공간 내에서의 배움을 수업 밖의 공간에 적용·확장을 하기 위해 배움을 내 것으로 만드는 과정이라 볼 수 있어요.

B 교사: 생각 쓰기를 주로 어떻게 하시나요?

A 교사: 사진과 같이 저만의 노트 필기 방법으로 배움계단 수업 2단계가 끝나갈 때쯤 노트 정리를 할 수 있도록 해요.

노트 정리에는 '편지쓰기'가 핵심 표현활동이에요. 1~2단계에서의 배움을 아직 배우지 못한 친구에게 설명하는 글을 쓰는 활동이에요. 아이들의 편지글에는 성취기준에 대한 도달도가 드러나기 때문에 논술형 평가로도 활용 가능해요.

B 교사: 생각을 글로 쓰는 활동을 아이들이 잘 따라오나요?

A 교사: 초등학교 고학년 학생의 경우 생각보다 잘 쓰는 편이에요. 중학년 학생들의 경우 한 달 정도 연습을 하면 아이들마다 자기만의 글 쓰는 형식이 생기면서 시간이 지날수록 글의 양과 질이 좋아져요. 저학년 아이들의 경우 글의 양을 짧게 하거나 글 이외에 그림 등을 활용하여 생각을 표현하게 하는 것도 효율적이었어요.

B 교사: 제 생각에 아이들에게 글쓰기는 여전히 어려울 것 같아요? 선생님만의 노하우는 없으신가요?

A 교사: 저는 일종의 오픈북 방식을 활용해요. 그냥 글을 쓰는 것보다는 수업 활동 자료를 활용하고 참고해서 글을 쓰도록 해요. 생각 글쓰기 활동은 암기가 포인트가 아닌 생각 만들기가 포인트기 때문에 수업활동 자료를 활용해서 써도 문제없다고 봐요.

B 교사: 모든 수업에서 생각 쓰기 활동을 하시나요?

A 교사: 과학교과의 실험과 관련된 성취기준, 예술교과와 체육 교과 중 수행 기능을 요구하는 성취기준에서는 글로 표현하는 글쓰기 활동을 하지 않아요. 그리고 교과서 활동자료를 분석해보면 생각표현 활동으로 활용하기 좋은 자료들이 있어요. 이 경우 교과서 자료로 생각표현 활동을 대체해서 활용하기도 해요.

⑤ 배움 활용 루틴

3단계 - 배움활용

B 교사: 앞의 첫째 둘째 계단이 역량을 위한 아이들의 자원(성취기준의 내용요소와 기능)을 만들어주는 수업이었다면 세 번째 계단은 이 자원들을 활용하는 수업의 성격을 갖고 있네요. 제가 보기에 세 번째 계단은 프로젝트 수업을 이야기하는 것 아닌가요?

A 교사: 프로젝트 수업이 역량을 키워주는데 좋은 접근 방법이에요. 그러나 프로젝트 수업을 다시 한번 생각해 볼 필요가 있어요.

일부 혁신학교나 프로젝트에 관심이 많은 선생님들 중심으로 다수 교과를 통합하여 수십 차시 분량으로 운영한 사례들이 현장에 소개되는 경우가 많아요. 이런 사례들로 인해 프로젝트를 처음 접근하는 선생님들이 겁부터 먹고 시도조차 안 하거나 시도를 해도 장시간의 프로젝트를 운영할 준비가 되어 있지 않아 쉽게 포기해버리는 경우를 많이 봐왔어요. 교과통합이나 많은 시수가 프로젝트 수업의 본질이 아니거든요. 아이들에게 배움을 활용하는 경험, 그 속에서 역량을 함께 키워줄 수 있는 역할을 할 수 있다면 다수 교과나 짧은 차시로도 충분히 프로젝트 수업의 효과를 얻을 수 있어요.

B 교사: 배움을 활용하는 경험, 그 속에서 역량을 함께 키워줄 수 있는 수업을 어떻게 하고 계시나요?

A 교사: 삶과 배움의 만남, 미니 프로젝트 수업 방식으로 세 번째 계단 수업을 만들어요. 그 속에서 아이들이 협력을 키울 수 있고, 가치·태도를 형성할 수 있도록 하고 있어요.

- 삶과 배움의 만남

B 교사: 삶과 배움의 만남은 어떤 수업인가요?

A 교사: 성취기준의 마무리 단계에서 하는 제 수업루틴이에요. 아래 사진과 같이 사각형의 넓이를 배웠으면 마지막에 집의 넓이를 구해보고, 과학에서 물질의 성질을 배웠으면 이를 활용한 생활 속 발명 아이디어 만들기 등의 활동을 해요.

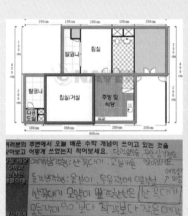

B 교사: 교과서 속 학문적 지식을 생활과 연결하여 살아 있는 지식으로 만드는 수업이 쉬워 보이지는 않아요. 선생님만의 팁이 있으신가요?

A 교사: 수업 장면을 아이들 생활과 연결한다고 생각하시면 간단해요.

> 글의 유형을 고려하여 대강의 내용을 간추린다.
> 글을 읽고 사실과 의견을 구별한다.

위 국어 성취기준의 소재인 글을 아이들 생활 속에서 볼 수 있는 글로 활용해요. 어린이 신문, 온 작품 읽기 책, 아동 잡지 등을 수업 마지막 단계에 활용하는 것이지요.

사회교과의 경우는 생활 사례가 자연스럽게 연결될 수밖에 없어요.

> 우리 생활 속에서 법이 적용되는 다양한 사례를 제시하고, 법의 의미와 성격을 설명한다.
> 법의 역할을 권리 보호와 질서 유지의 측면에서 설명하고, 법을 준수하는 태도를 기른다.

위 성취기준의 경우 두 성취기준을 연계(배움 수업 모형의 3번째 계단 공유)하여 나와 우리 가족이 꼭 지켜야 할 법 찾아보고, 실천 계획 세우기, 우리 학급의 법 만들고 준수하기 활동을 할 수 있어요.

- 미니 프로젝트

B 교사: 미니 프로젝트면 프로젝트에 포함된 교과와 시수 등이 짧을 텐데, 프로젝트 수업의 의도를 담아낼 수 있을까요?

A 교사: 프로젝트 수업 설계의 필수 요소는 아래와 같아요.

프로젝트 설계의 필수 요소	
어려운 문제, 질문 지속적인 탐구 실제성 학생의 의사, 선택권	성찰 비평과 개선 공개할 결과물

(출처: 존 라머(2017), 『프로젝트 수업 어떻게 할 것인가』)

이 요소들을 갖춘다면 성취기준 단위 혹은 2개 교과 통합 수준의 짧은 프로젝트로 역량을 키우는 수업이 될 수 있어요.

성취기준	[사회] 우리 사회에 다양한 문화가 확산하면서 생기는 문제(편견, 차별 등) 및 해결 방안을 탐구하고, 다른 문화를 존중하는 태도를 기른다.

미니 프로젝트 주제	
다른 문화를 존중하기 위한 문구 만들고 캠페인 활동하기	

성취기준	[도덕] 다양한 갈등을 평화적으로 해결하는 것의 중요성과 방법을 알고, 평화적으로 갈등을 해결하려는 의지를 기른다.
	[국어] 매체 자료를 활용하여 내용을 효과적으로 발표한다.

미니 프로젝트 주제	갈등 해결을 위한 공익광고 만들고 발표하기

A 교사: 존 라머(2017)는 프로젝트의 필수 요소 중 하나를 '어려운 과제'로 제시하였는데, 저는 어려운 과제의 기준을 '협력'으로 보았어요. 그래서 협력적 문제해결력이 필요한 과제로 미니 프로젝트 수업해요.

A 교사: 미니 프로젝트에서는 가치·태도와 연계된 활동도 함께하고 있어요. 아래 사진과 같이 다짐나무판을 만들어 미니 프로젝트 후 나의 마음가짐이나 자세, 실천 의지 등을 게시할 수 있도록 해요.

 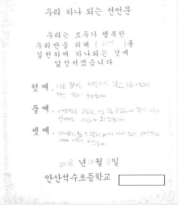

그리고 도덕이나 사회교과의 경우 실천선언문 쓰기 활동을 해요. '다른 사람과 문화를 공정하게 대하는 태도를 지닌다.' 성취기준을 캠페인 활동과 같은 미니 프로젝트로 수업을 한 후 수업 정리 단계에서 실천선언문을 쓰며 수업을 마무리해요.

미니 프로젝트는 교과 성취기준의 내용 요소와 기능뿐만 아닌 정의적 태도, 협력적 문제해결력도 함께 평가할 수 있기 때문에 수행평가와 연계하여 실시하고 있어요.

★ 수업 흐름별 자주 활용하는 수업 방법

핵심질문 생각 키우기	국어: 학습주제와 연관된 실생활 국어 자료로 호기심 자극하기(실제 토의토론 영상, 그림책 등 짧은 문장, 신문기사 등) 수학: 학습주제 연계 실생활 수학 장면 제시하기 사회: 학습주제 연계 신문기사, 뉴스 영상 제시하기 과학: 학습주제 연계 과학 현상 제시하기
생각 만들기	진진가 활동, KWLM차트(KWLM중 K-이미 알고 있는 것, W-알고 싶은 것 쓰기) QAQ 질문 대화하기(question answer question) 교사 질문 → 모든 학생 배움노트에 글쓰기로 답변 → 모둠원끼리 답변 돌아가며 읽고 친구 답변에 다시 질문하고 답변하기 국어: 성취기준과 연관된 실생활 국어 자료로 호기심 자극하기(실제 토의토론 영상, 그림책 등 짧은 문장, 신문기사 등) 수학: 교구를 통하여 학생 간 협력을 통한 개념 탐구하기 사회: 학습주제 연계 신문기사, 뉴스 영상 보고 문제점 찾기, 인터넷 조사, 학습하기 과학: 과학실험장면, 생활 속 과학 현상 등을 보며 호기심 갖고 원리 탐구하기
생각 나누기	하브루타, 학급인터뷰, 모둠선생님 활동, 토의토론(신호등 토론, 물레방아 토론, 피라미드 토론, 수직선 토론), 월드카페 활동, 갤러리워크 문제 만들기, 친구 학습 결과물에 포스트잇 댓글 쓰고 붙이기
생각 모으기	마인드맵, 브레인스토밍, 브레인라이팅, 패들렛, 종이뭉치 던지기, 멘티미터
자기 생각 만들고 표현하기	편지쓰기(배움내용 다른 친구에게 알려주는 편지형식 글쓰기), KWLM 차트(L-알게 된 것, M-더 알고 싶은 것 쓰기), 코넬노트 정리(제목, 핵심단어, 내용정리, 요약) 인포그래픽, 윈도우패닝 비주얼싱킹으로 표현하기

협업하여 문제 해결하기	모둠 신문 만들기, 생활 속 ○○찾기, 적용하기, 활용하기 역할극으로 만들고 표현하기. 광고 만들기, UCC 제작하기
가치태도 형성하기	실천선언문 쓰기, 모둠 약속 정하고 실천 여부 모니터링하기

수업대화 루틴

학생의 생각을 키우고 삶과 연계되는 수업이 되기 위해서 수업 내용과 방법뿐만 아닌 교사와 학생이 나누는 대화 역시 중요하다. 이를 위해서 필자는 다음과 같은 수업대화 철학을 세우고 일상 수업에서 루틴화하여 사용하고 있다.

① 생각과 생각을 만나게 하는 대화 루틴: O, X 판독기에서 Caster 되기

수업 중 학생 발표에 대한 교사의 태도는 다음과 같이 두 가지로 나뉜다. 첫째 경우는 학생의 발표를 들으며 학생이 맞게 이야기하는지 틀리게 이야기하는지에 대해서 초점을 맞추어 듣는 경우이다. 이때 교사는 발표를 들으며 "오! 잘 이야기했어요" 혹은 "다시 생각해볼까"와 같은 반응을 주로 보인다. 둘째 경우는 학생 개개인의 발표 내용을 다른 학생들과 공유하여 생각하는 데 초점을 맞추어 듣는 경우이다. 이 경우 발표를 듣고 난 후 "○○이가 ◇◇하게 생각한다고 하네, ○○이의 생각에 대해서 여러분들은 어떻게 생각하세요?"와 같은 반응을 보인다.

두 대화의 차이점은 무엇일까? 첫째 대화는 교사와 학생의 1:1 대화이며 아이들의 생각이 맞고 틀림을 판정해주는 것에 초점을 맞춘다. 둘째 대화는 학생 한 명의 생각을 발판으로 모든 아이에게 또 다른 사고를 요구하는 대화이다. 또한 생각과 생각의 만남, 나와 다른 생각과 만나고 이를 좁혀나가면서 학생 개인의 생각이 더 자랄 기회를 제공해 줄 수 있다.

② 머리에 생각 쓰고 말하기

초등학교 1학년과 6학년 교실의 발표 학생 비율 차이는 극과 극이라 표현할 수 있다. 1학년 아이들은 교사의 발문에 대하여 생각 없이 무조건 반응식으로 손을 들고 이야기하는 경우가 많다. 반면 6학년 아이들의 경우 머릿속으로는 알고 있어도 손을 들고 발표로까지 이어지는 경우는 드물다. 중·고등학교 교실도 이와 마찬가지이다. 두 가지 경우 모두 발표 행위로 인하여 생기는 인정욕구, 부끄러움, 불안이라는 심리적 요인이 교사의 질문에 대한 학생의 생각 만들기라는 본질을 가려버리게 된 경우이다. 이와 같은 발표의 부작용을 없애고, 아이들 각자의 생각 만들기를 강조하는 수업이 되기 위해 필자는 질문하고 손들고 말해보기 대신 '머릿속에 선생님의 질문에 답 써보기' 약속을 한다.

복잡하고 난이도 있는 생각을 필요로 하는 질문에는 질문에 대한 답을 생각하고 이를 메모하여 말할 생각을 먼저 정리해보는 활동을 한다. 그리고 말할 내용을 정리한 내용을 바탕으로 모둠에서 서로 돌아가며 말하기 활동을 한다.

학기 초에 이 대화 규칙들을 아이들과 약속하고 습관화가 될 수 있게 교실에서 꾸준히 실천한다면 아이들의 말하기, 글쓰기 실력이 모두 발전함을 확인할 수 있을 것이다. 그리고 교사와 주로 발표하는 학생 간 1 : 소수 중심의 수업이 생산해낸 수업에서 소외된 학생들을 다시 수업에 참여하게 할 수 있을 것이다.

③ 배움을 '학생'과 연결해주는 대화하기

다음은 실제 필자와 학생들의 수업 중 일부이다.

교사: 여러분이 함께 앉아 있는 모둠에서 분수를 찾아봅시다.
　　　(각자 생각할 시간을 부여한 후 모둠에서 발표하도록 한다)
학생 A: 우리 모둠은 6명인데 이 중 안경 쓴 친구는 2명입니다.
　　　우리 모둠 중 안경 쓴 친구는 $\frac{1}{3}$입니다.
학생 B: 우리 모둠 책상은 모두 4칸인데 제 자리는 1칸입니다.
　　　우리 모둠 책상 중 제 책상은 그래서 $\frac{1}{4}$입니다.

위 대화 장면은 실제 필자가 3학년 아이들과 분수 수업에서 나눈 대화 장면이다. 타 교과에서도 수업 주제를 학생들의 삶과 연계된 대화로 연결할 수 있다. 국어 수업 후 "여러분이 소설(글)의 주인공이 된다면 이야기가 어떻게 바뀔까요?", "주인공의 성격을 본받는다면 앞으로 여러분의 삶은 어떻게 변할까요?"와 같은 발문으로 문학 작품을 학생 개개인의 삶과 연결지어 생각해보는 수업으로 연결할 수 있다. 사회 수업에서는 경제, 민주주의 등 사회교과와 연계된 개념과 원리 등을 활용하여 학생 삶과 연계된 대화로 연결할 수 있고, 과학교과에서는 과학 현상과 관련된 생활 주제들로 대화를 연결할 수 있다.

배움을 삶과 연계한다는 것은 프로젝트 수업과 같이 복잡한 수업 장면을 통해서 실생활 문제를 해결하는 장면으로 접근할 수도 있지만, 위와 같은 수업 속 대화로 배움 내용을 학생 개인의 삶과 연계하여 생각하는 자세를 심어주는 방향으로 접근할 수도 있다.

수업루틴을 만들어주는 새로운 지도안

깨알 같은 글씨로 A4용지 몇 장을 빼곡히 채운 수업지도안을 본 기억이 있을 것이다. 학생활동과 교사 활동으로 칸을 나누어 교사와 학생의 대화 장면을 구체적으로 제시해놓은 지도안도 있다. 교실 장면은 예측불가하며 변화무쌍하다. 교사의 발문과 학생의 답을 연극 대본처럼 제시하는 지도안은 말 그대로 연극을 위한 지도안이다. 아직도 과거 타성에 젖어 지도안을 세안으로 열 페이지가 넘게 작성할 것을 요구하는 학교도 있다고 한다. 이러한 지도안, 누구와 무엇을 위한 지도안인가?

일상 수업에서 지도안을 컴퓨터 문서로 작성하는 선생님은 거의 없다. 교사가 지도안을 짜는 경우는 공개수업, 동료장학 등 내 수업을 위해서가 아닌 남에게 보여주기 위해서, 항상 해오던 관습이기 때문에 해오고 있는 것이다. 학부모 공개수업 전 혹은 임상장학이나 동료장학 전

결재를 받아야 하고, 관행적으로 해오던 것들이기 때문에 단 한 번의 수업을 위해서 한 차시 분량의 지도안을 만든다.

역량을 키우는 수업뿐만이 아닌 아이들의 배움을 위한 수업이 되기 위해서 그동안 지도안에 대한 관습과 고정관념을 깨야 한다. 이를 위해 3가지를 강조하고 싶다. 첫째, 단 차시 수업만이 아닌 성취기준 단위 수 차시 수업과 평가, 피드백이 하나의 미니 교육과정으로 뭉쳐진 지도안을 만들어야 한다. 성취기준이 중심이 된 교육과정 체제에서 각 차시 수업은 서로 연계와 흐름이 있다. 앞 차시가 후속 차시를 위한 기초활동이 되고 계단식으로 밟아가며 하나의 성취기준이 만들어지고 역량이 형성될 수 있는 밑바탕이 되는 수업 흐름을 갖는다. 따라서 교육과정 성취기준 단위로 하나의 흐름을 조망할 수 있는 교수학습 지도 계획이 필요하다.

둘째, 1차시 행사용 수업지도안이 아닌 일상 수업에 대한 지도안이 필요하다. 앞에서 제시한 루틴화된 수업과 평가 방법, 그리고 수업 흐름이 있다면 이를 활용하여 일상 수업을 위한 본인만의 지도안을 형식에 구애받지 않고 자유롭게 만들 수 있다.

셋째, 여백의 미가 있는 지도안이 되어야 한다. 지식 전달만을 위한 수업은 교사의 철저한 계획이 필요할 수 있다. 그러나 역량을 위한 수업은 학생의 활동과 참여가 필수이다. 수업이 빽빽하면 교사는 학생의 활동을 기다려줄 수 없으며 조급해진다. 이는 활동중심수업을 보여주기식 수업으로 끌고 가는 부작용을 초래할 수 있다. 꼭 필요한 내용과 활동으로 수업을 구성하면 느리게 가는 학생들을 피드백하며 함께 끌어줄 수 있는 시간적 여유, 빠른 학생들을 더 크게 자라게 할 수 있는 도전 과제를 제시할 수 있는 공간이 생긴다. 그리고 아이들의 활동을 채근하며, 교사가 결국은 답을 던져주는 활동 속 가르침만을 주는 우를 범하는 수업을 피할 수 있게 된다.

필자는 앞의 3가지 사항을 담아낸 플렉서블형 지도안을 일상 수업에서 사용한다. 역량 형성을 위한 루틴화된 수업 흐름과 방법들을 담아낼 수 있는 수업 틀과 수업 콘텐츠를 사진과 같이 보드판 형식으로 제작하였다. 그리고 성취기준 및 학습 성격에 따라 콘텐츠들을 유연하게 조합하는 방식으로 일상적 수업 지도안을 만든다.

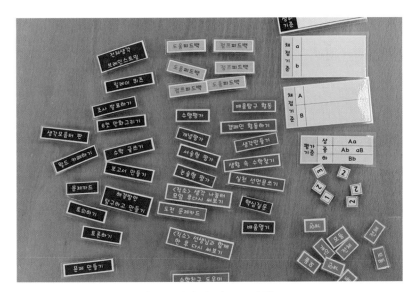

〈Flexible 수업 지도안 보드 – 수학〉

평상시 자주 활용하는 수업과 평가, 피드백 방법들을 사진과 같이 코팅 제작(뒷면 자석 부착)하였다. 성취기준에 맞추어 효율적인 수업 방법, 피드백 방법, 수업 형태와 시수들을 하나씩 선택해 배움탐구, 배움표현, 배움활용 보드판을 완성해 나간다. 위에 있는 자석 라벨들은 반영구적으로 활용한다. 성취기준의 개별적 학습 내용은 포스트잇을 활용해 수기로 작성해 붙인다. 평가 라벨로 함께 제작하여 수업 활동 과정 중에 평가가 함께 계획될 수 있도록 한다. 과정별 이루어지는 평가의 채점 기준틀 라벨을 상시 사용하고 구체적 평가 내용은 성취기준 평가 요소에 따라 성취기준별 새롭게 수기로 포스트잇에 작성하여 붙인다. 그리고 수업이 끝난 후 평가 결과를 부여할 수 있는 평가 기준도 루틴화된 방법으로 수립된다.

역량을 키우기 위한 루틴화된 수업 흐름을 아래와 같은 수업 흐름 보드로 제작하였다. 수업 내용에 따라 배움탐구 보드가 2개일 수도 있고 배움활용 보드를 타 성취기준과 함께 사용할 수 있다. 뒷면을 자석을 덧붙여 제작하여 앞쪽에 소개한 수업 방법과 평가, 피드백 라벨들을 부착할 수 있도록 하였다.

〈Flexible 수업 지도안 재료〉

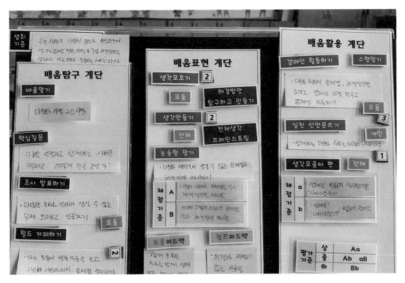

〈루틴화된 수업 흐름과 방법을 활용한 Flexible 수업 지도안 – 사회〉

　배움 흐름 보드에 다양한 수업 방법과 평가, 피드백 활동, 수업 형태, 시수 자석 라벨을 성취기준에 따라 유연하게 부착하여 수업 지도안 보드를 만든다. 평소 자주 하는 수업루틴을 활용하여 수업지도안 보드를 제작하여 쉽고 빠르게 성취기준 단위 수업 계획이 만들어진다. 결재용 지도안과 같이 남에게 보여주기 위해서 만드는 것이 아닌 아이들에게 의미 있는 배움과 역량을 주기 위해서 만든다.

　이하의 방법들을 참고하여 이 책을 읽는 선생님들도 본인만의 플렉서블한 지도안을 만들어 일상 수업에 활용할 수 있기를 바란다.

◎ 강원도 강릉시 한솔초등학교에서 근무하는 김영삼 선생님은 실제 필자가 제안한 수업루틴형 지도안에 의하여 일상 수업을 운영하고 있다. 다음은 김영삼 선생님의 일상 수업지도안 중 일부이다.

원격수업도
루틴이 필요하다

2020년 코로나19 사태는 대한민국 교사들에게 원격수업이라는 새로운 도전 과제에 직면하게 하였다. 원격수업이 시작되고 다양한 에듀테크 기기 활용에 대한 연수가 우후죽순 생겨나고 기기 활용에만 초점을 맞추어 원격수업의 방향성이 흘러가는 경우와 교육학적 이해가 부족한 일부 집단에서 실시간 쌍방향 수업만을 강조하는 부작용도 생겨나고 있다. 원격수업을 해야 하는 불가항력의 상황에서 원격수업이 최대한의 효과를 얻을 수 있게 하기 위해서는 기기 활용 능력뿐만 아닌 다양한 원격수업 방법들을 적재적소에 활용할 수 있는 블렌디드형 수업디자인 능력 또한 필요하다.

수업을 앤더슨이 제시한 인지적 목표로 분석해보았을 때 일반적으로 기억, 이해, 적용, 분석, 평가, 창조의 사고가 일어난다. 이 여섯 가지 사고를 위해서 다음 그림의 아랫부분과 같은 수업 활동을 한다. 이 그림의 6가지 인지적 목표와 수업 유형들은 원격수업의 3가지 유형(콘텐츠 제시형, 과제 제시형, 실시간 쌍방향형)과 등교수업 모두 가능하지만 4가지 유형 중 각자의 역할에 최적화된 수업 방식들이 있다.

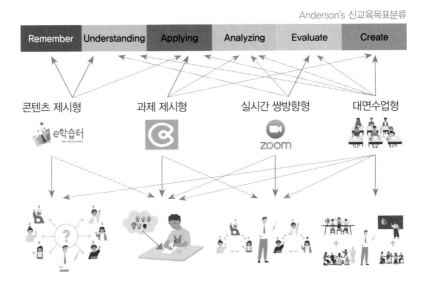

〈원격수업 3가지 유형과 등교수업의 역할〉

예를 들어 단순 이해와 지식 전달, 기억을 필요로 하는 학습은 감염병이 우려되어 등교 횟수를 최소화해야 하는 상황에서 굳이 등교수업으로 진행하는 것보다는 강의 영상 등을 통한 콘텐츠 제시형으로 원격수업을 진행하는 것이 효율적이다. 또한 눈빛과 감정을 교환하며 정의적 역량을 키우거나 협력을 통하여 과제를 해결해야 하는 학습요소는 원격수업보다는 등교수업이 필요하다.

이처럼 학습요소를 분석하여 원격수업의 3가지 유형과 등교수업이라는 4가지 옵션을 적재적소에 활용하여 블렌디드형 수업을 디자인해내기 위해서는 각 수업 방식들의 특징과 장단점을 분석할 필요가 있다. 필자 역시 원격수업을 진행하고 동료 교사들과 원격수업에 대하여 함께 연구하고 대안을 찾아보면서 다음과 같은 특징을 찾았다.

콘텐츠 활용 수업 → 과제 제시형 수업 → 실시간 쌍방향 수업 → 등교수업으로 갈수록 고차원적 사고력을 요구하는 수업 상황에 필요한 수업 방식으로 볼 수 있다. 학습 영역을 인지적, 정의적이나 개인 단독형, 동료 협업형으로 분류해보아도 위의 순서대로 인지적인 요소뿐만 아닌 정의적 학습이나 협력 학습도 가능할 수 있다. 물론 에듀테크 기기를 아주 능숙하게 다루고 따를 수 있는 교사와 학생의 디지털 역량이 뒷받침된다면 과제 수행 수업이나 쌍방향 수업도 등교수업을 통한 대면수업 못지않게 다양한 협업과 고차적 사고력을 요구하는 학습에서도 큰 효과를 발휘할 수 있다. 그러나 일반적인 교사와 학생들의 디지털 기기 활용 능력을 감안했을 때 다음과 같이 원격수업의 3가지 유형과 등교수업의 특징을 활용하여 블렌디드형 수업을 운영할 수 있다.

EBS에서 제공하는 강의 영상이나 교사 자체제작 영상, 유튜브를 활용한 영상은 지식 전달이나 단순 개념이해 학습에서 기억과 이해라는 인지적 학습목표를 효과적으로 도달시킬 수 있다. 과제형 원격수업은 앞의 콘텐츠 활용 수업에서 형성한 개념을 적용해보는 인지적 목표를 도달시킬 수 있다. 이외에도 조사 및 실험·실습 등의 학습 기능을 요구하는 학습목표를 온라인 조사학습 및 학습꾸러미를 활용한 가정 실험 및 실습으로 대체하는 원격수업을 운영할 수 있다. 앞의 과제형 수업에서 실시한 과제를 온라인상에 탑재하고 이를 실시간 쌍방향 수업의 자료로 활용할 수 있다. 실시간 쌍방향 플랫폼의 화면 공유와 소그룹 회의 기능을 활용하여 각자 제작한 온라인 과제 결과물을 발표하고 피드백하는 상호 의사소통 과정에서 분석과 평가의 인지적 학습목표를 충족시킬 수 있다. 등교수업은 대면수업의 장점인 학생-학생 간 협력, 교사의 코칭을 통하여 앞의 원격수업 과정에서 학습한 내용을 바탕으로 새로운 학습 결과물을 창조하는 인지적 학습목표를 충족시킬 수 있으며, 정서를 교감할 수 있는 대면 학습으로 가치·태도를 형성하는 수업을 할 수 있다.

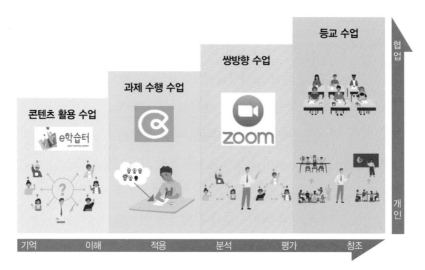

〈원격-등교수업 유형별 특징 분석〉

원격수업과 등교수업 각각의 장단점을 명확히 이해하고, 교육과정 성취기준을 분석하여 각 학습 상황에 맞게 선별적으로 4가지 수업 옵션을 효율적으로 배합하여 수업을 디자인할 수 있는 교사의 역량을 블렌디드형 수업디자인 역량이라 말할 수 있다. 또한 이 역량은 앞 장에서 언급한 수업루틴 개념에 따라 학습 유형에 따라 일반화하여 수업을 디자인할 수 있다.

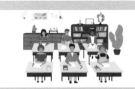

블렌디드 수업,
이렇게 해보세요

◐ 블렌디드 수업의 일반적 운영 방식

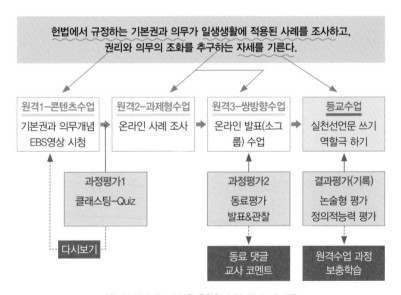

헌법에서 규정하는 기본권과 의무가 일생생활에 적용된 사례를 조사하고,
권리와 의무의 조화를 추구하는 자세를 기른다.

원격1-콘텐츠수업	원격2-과제형수업	원격3-쌍방향수업	등교수업
기본권과 의무개념 EBS영상 시청	온라인 사례 조사	온라인 발표(소그룹) 수업	실천선언문 쓰기 역할극 하기

과정평가1
클래스팅-Quiz

과정평가2
동료평가
발표&관찰

결과평가(기록)
논술형 평가
정의적능력 평가

다시보기

동료 댓글
교사 코멘트

원격수업 과정
보충학습

〈원격수업과 등교수업을 혼합한 수업-평가-피드백〉

앞의 그림은 일반적으로 원격수업의 3가지 방법과 등교수업을 혼합하여 성취기준 단위 수업-평가-피드백을 구성한 예이다. 먼저 성취기준 중 지식에 해당하는 '헌법에서 규정하는 기본권과 의무'에 대한 개념 형성 학습은 원격수업의 콘텐츠 제시형 수업으로 진행한다. 그리고 클래스팅이나 온라인클래스 등의 평가 만들기 기능을 활용하여 개념 형성 여부를 확인한다. 여기서 각 플랫폼의 학생별 성취유형 분석 기능을 활용하여 개념 형성이 미흡한 학생들에게는 콘텐츠 다시보기라는 피드백을 제시한다. 다음 성취기준의 '사례 조사' 학습요소는 원격 학습의 과제제시형 유형으로 수업한다. 온라인 사례조사 학습으로 실시하여 학생 개인별 조사한 조사보고서를 클래스팅이나 패들렛 등을 활용하여 공유 탑재하도록 한다. 다음 줌(ZOOM) 소그룹 기능을 활용한 실시간 쌍방향 수업으로 학생들이 각자 만든 조사보고서 파일을 화면 공유하여 발표한다. 그리고 서로 온라인상으로 얼굴을 보며 기본권과 의무에 대한 생각을 말하고 공유한다. 등교수업에서는 앞의 원격수업의 학습요소에 대한 피드백과 보충학습 등을 실시하고 성취기준의 마지막 학습요소인 '권리와 의무의 조화를 추구하는 자세'의 가치·태도 부분은 등교수업을 활용하여 개인 실천선언문 쓰기와 간단한 상황극 실연 수업으로 평가를 함께 실시하며 해당 성취기준에 대한 수업을 마무리한다.

◐ 先 원격 → 後 등교 블렌디드 수업

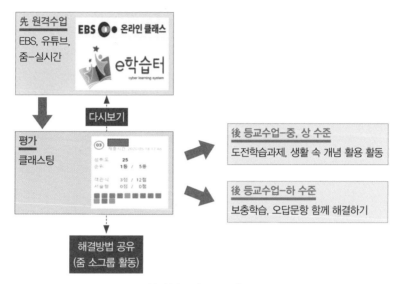

〈先 원격 → 後 등교수업〉

수학과와 같이 개념 형성이 필요한 학습주제의 수업에서 교사 자체 제작 및 EBS 영상 등을 활용하여 개념 형성과 이해가 일어날 수 있도록 하고 온라인 평가 문항을 통하여 개념을 적용하고 학생 개인별 성취수준을 확인한다. 이를 바탕으로 등교수업에서 개념 형성이 미흡한 학생들에게는 추가 보충학습을 하고 성취수준에 도달한 학생들에게는 생활 속 개념 탐구하는 활동과 도전 학습과제 등을 직소 형식으로 운영하는 先 원격 – 後 등교 블렌디드형 수업을 운영할 수 있다.

◑ 先 등교 → 後 원격 블렌디드 수업

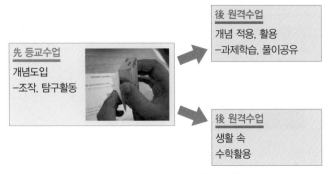

<先 등교 → 後 원격 방식 1>

수학과의 도형 및 측정 영역이나 과학과의 실험 관련 학습의 경우 등
교수업에서 조작 활동 및 학생-교사, 학생-학생 간 상호활동으로 개념
형성이 이루어지도록 수업을 한다. 이를 바탕으로 원격수업에서는 개념
을 적용해보거나 작은 단위의 프로젝트로 개념을 생활 속에 활용하는
결과물을 과제형으로 제시하는 先 등교 – 後 원격 블렌디드형 수업을
운영할 수 있다.

◑ 교과 통합 블렌디드 수업 운영

원격수업이 교육과정 운영에서 차지하는 비중이 늘어나면서 기존의
주제중심 교육과정 재구성 운영이 계획된 바대로 이루어지지 못한 학

교들의 사례가 많았다. 그러나 에듀테크 툴의 장점을 살려 등교수업과 원격수업을 상호 보완하여 수업을 구성한다면 주제중심 교육과정 재구성, 교과 통합 수업을 효율적으로 운영할 수 있다. 교과 통합 블렌디드 수업에서는 앞에서 제시한 先 원격 → 後 등교, 先 등교 → 後 원격 방식이 복합적으로 적용되어 원격 → 등교 → 원격, 등교 → 원격 → 등교 → 원격 등과 같이 다양한 방식으로 블렌디드 수업을 구성할 수 있다. 다음 사례는 필자가 근무하는 학교에서 계획한 2학기 교과 통합 프로젝트 수업 계획이다.

[프로젝트 주제: 지구촌 코로나19 지킴이 프로젝트!]

● 프로젝트 주제 구성을 위한 교육과정 성취기준

[6도03-04] 세계화 시대에 인류가 겪고 있는 문제와 그 원인을 토론을 통해 알아보고, 이를 해결하고자 하는 의지를 갖추고 실천한다.	[6사08-06] 지속 가능한 미래를 건설하기 위한 과제를 조사하고, 세계시민으로서 이에 적극 참여하는 방안을 모색한다.
[6국01-03] 절차와 규칙을 지키고 근거를 제시하며 토론한다.	[6미02-03] 아이디어를 구체화하여 표현할 수 있다.

차시	블렌디드 수업 계획	원격/등교	원격수업 도구	평가
1/6	– 코로나19로 인한 세계 여러 나라의 피해 다큐 시청 – 인터넷 선택과제 조사보고서 학습 선택① – 코로나19로 인한 세계의 피해와 원인 조사보고서 만들기 선택② – 세계화 시대 인류가 겪고 있는 문제와 원인 조사보고서 만들기	원격 (콘텐츠+과제형)	유튜브 e학습터 패들렛	

2/6	– 제작한 조사보고서 발표 – 친구 과제 글에 동료평가 댓글 남기기	원격 (쌍방향)	줌-소그룹 패들렛	
3/6	– 토론의 순서와 절차 영상 시청 – 모둠별 온라인 토론하기(채팅+줌소그룹) (주제: 외국인 입국 제한 찬성 VS 반대)	원격 (콘텐츠+ 쌍방향)	카카오톡 줌 e학습터	
4/6	– 토론 시 절차와 유의점 정리하기 – 코로나19 예방을 위한 찬반 토론하기 (주제: 생활 속 거리두기 강화 VS 완화)	등교		토의토론 평가
5/6	– 지구촌 어린이들의 코로나19 예방을 위하여 할 수 있는 일 조사하기(모둠협 력) – 코로나19 예방을 위한 온라인 포스터 제작하기	원격 (과제형)	miri canvas	
6/6	– 제작한 포스터 갤러리워크 활동하기 – 지구촌 코로나19의 원인과 예방을 위 한 제안문 쓰기	등교		논술형

〈교과 통합 블렌디드 수업〉

　위와 같이 학습요소가 유사한 성취기준을 통합하여 블렌디드 수업을 구성할 경우 학습량을 감축할 수 있는 효과를 얻을 수 있다. 교과 내에서도 유사 학습요소를 가진 성취기준을 통합하여 위와 같이 교육과정을 운영할 경우 학생들의 기초학습 부진에 영향을 줄 수 있는 교과나 학습 내용에 시수를 강화할 수 있는 유연한 교육과정 운영이 가능해진다.

◑ 교사-학생 역할 구분에 의한 블렌디드 수업 구성

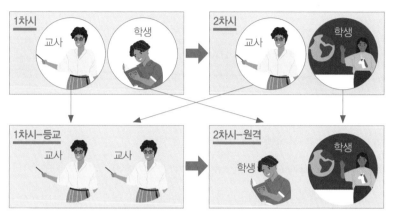

〈교사-학생 역할 구분에 의한 수업 구성〉

기존 등교수업은 일반적으로 수업 초반부는 교사의 안내와 설명 등 교사의 역할이 주가 되고 후반부로 갈수록 학생의 활동이 주가 되는 흐름을 갖는다. 이 특징을 활용하여 2차시 분량 수업을 교사 역할이 주가 되는 부분과 학생 활동이 주가 되는 부분으로 이원화한 후 2차시 분량 수업의 교사 역할에 해당하는 부분만 모아 1차시 분량의 등교수업으로 구성하고 2차시 분량 수업의 학생 활동 부분을 원격수업의 과제형 학습으로 구성할 수 있다(성취기준에 따라 이와 반대인 2차시분 교사 활동은 원격수업으로, 학생 활동은 등교수업으로 구성 가능).

원격수업을 매 차시 똑같은 하나의 온라인 툴을 활용하여 천편일률적으로 운영하는 교사들도 있다. 그러나 이와 같은 수업은 고른 영양소가 필요한 아이들에게 밥과 같은 탄수화물만을 강조한 식단을 제공하는 수업이 될 수밖에 없다. 그렇다고 차시 학습요소마다 새로운 수업 방식으로 항상 다양하게 수업을 준비하는 것도 효율적이지 않다. 교사뿐만 아닌 아이들도 익숙하고 일상화할 수 있는 루틴화된 온라인 수업 운영 방식이 필요하다.

이를 위해서는 성취기준을 6가지 학습목표(기억, 이해, 적용, 분석, 평가, 창조) 관점으로 분석하여 4가지 수업 옵션(과제형, 콘텐츠형, 실시간쌍방향형, 등교형)을 적재적소에 배치하고 혼합할 수 있어야 한다. 이를 기반으로 교사-학생 모두 능숙하게 활용할 수 있는 온라인 툴을 가미하여 수업이 이루어진다면 루틴화된 블렌디드 수업을 운영할 수 있다. 이는 코로나19뿐만 아닌, 곧 마주하게 될 미래수업 상황에서 교사에게 꼭 필요한 새로운 수업디자인 능력이다.

에듀테크로
수업루틴 만들기

　에듀테크 기술은 학생들의 역량을 키우는데 유용한 수업 도구로 활용될 수 있다. 수업루틴의 배움 탐구부터 배움 표현하기, 배움 활용하기의 곳곳에 에듀테크 기술을 활용할 수 있다.

　배움탐구 시 아이들이 도서관에 가서 백과사전과 책을 뒤지며 오랜시간 조사 발표 자료를 만들 필요 없이 스마트폰을 활용하여 필요한 자료를 캡처하고 편집하여 쉽고 빠르고 간편하게 조사 발표 자료를 만들 수 있다. 클래스팅이나 밴드 등을 활용하여 아이들이 학습해야 할 개념들을 미리 제시하고 수업시간에는 활동 중심으로 수업하는 거꾸로 수업 방식에도 유용하게 활용할 수 있다.

　배움표현 단계에서는 모든 아이들의 생각을 실시간으로 만나게 해줄 수 있다. 멘티미터(mentimeter)를 활용하여 실시간 설문조사나 통계 자료를 얻을 수 있으며, 패들렛(padlet)을 이용하여 온라인 브레인 스토밍 활동을 할 수 있다.

배움활용 단계에서는 스마트폰 동영상 촬영 및 편집 프로그램과 망고보드, 유튜브를 활용하여 배움을 활용할 수 있는 장면들을 만들고 기록할 수 있다(예: 가치, 태도, 실천 학습요소 관련 광고 만들기).

에듀테크 기술은 과정중심평가에도 활용될 수 있다. 플리커스(plikers)를 활용하여 학생들이 성취기준 도달을 위해 알고 있어야 할 지식이나 개념을 수업 과정 중에 평가할 수 있다.

페이스북이나 인스타그램과 같은 SNS 프로그램을 활용하여 개인 온라인 학습 포트폴리오 공간을 만들어 줄 수 있다. 필자는 2000년대 초반 싸이월드 시절부터 학생 개인별 미니 홈피를 활용하여 학습자료를 온라인으로 누가기록하는 방법을 사용했다. 밴드나 클래스팅과 같이 단체를 위한 SNS가 아닌 개인별 SNS를 만들어주면 본인 만의 학습 결과만 누가 기록할 수 있다는 장점이 있다. 교사 – 학생 – 학부모 간 친구 및 팔로우 기능을 활용하여 학습 결과를 가정에서도 함께 공유하고 피드백할 수 있으며, 학급 학생 간 팔로우를 통하여 상호 피드백의 효과도 얻을 수 있다.

2020년 코로나19 사태로 인한 장기간 학교 휴업 사태를 겪으면서 온라인으로 쌍방향 학습을 지원·관리할 수 있는 프로그램의 중요성이 대두되고 있다. 구글 클래스룸을 활용할 경우 시간과 장소에 구애받지 않고 전체 학생을 대상으로 쌍방향 교수·학습 활동을 할 수 있다. 교사가 실시간으로 학습 관련 자료를 탑재하고 학생이 이를 확인하여 개인 학습과제를 제출하고 교사는 이를 학생 개인별 점검 피드백할 수 있다.

수업루틴에 활용할 수 있는 스마트 툴, 어플리케이션 등을 배움계단 수업모형을 기준으로 다음과 같이 정리할 수 있다.

	스마트툴 및 어플리케이션	수업 활용
배움탐구	ok mindmap	협동 마인드맵 제작을 통한 개념탐구
	빛 가상 실험실	과학 빛 관련 단원
	구글 아트 앤 컬처	사회 세계문화 및 미술
	3D 스마트 쌓기나무	수학 도형 영역
	구글 뮤직랩	음악 만들기
배움표현	패들렛(padlet)	브레인스토밍 관련 학습 활용
	멘티미터 (mentimeter)	설문 관련 학습 활용
	하우 투 드로우 (how to draw)	미술 표현 활동
	beecanvas, 잼보드	협업과제
배움활용	구글드라이브 (문서, 스프레드시트)	협업 문서 제작
	망고보드	실생활 활용 포스터형 자료 제작
	키네마스터	동영상 편집
평가	플리커스(plickers)	무선인터넷과 개인별 스마트폰 없는 교실에서 활용 가능 평가 및 개인별 결과 실시간 온라인 관리, 동료평가 시 활용 가능
	소크라티브(socrative) 카훗(Kahoot)	온라인 퀴즈 제작 및 관리 가능

	유튜브	수업 관련 영상 구독 및 학생 영상 작품 누가기록
온라인 포트폴리오	페이스북	텍스트형 학생 학습 결과 누가기록 및 상호공유, 피드백
	인스타그램	사진 관련 학생 작품 누가기록 및 상호공유, 피드백
학습관리	구글 클래스룸	온라인 쌍방향 수업 가능

〈수업에 활용할 수 있는 에듀테크〉

위에서 소개한 에듀테크 프로그램 중 플리커스, 패들렛, 멘티미터의 경우 다음과 같이 수업에 유용하게 활용할 수 있다.

플리커스(plickers)

● 장점: 오프라인 교실 환경에서 자유롭게 사용 가능
무선인터넷 미구축 및 학생 개인 스마트 기기 필요 없음

● 사용 방법

① 플리커스 어플리케이션 다운로드 후 학생 이름 온라인 등록

↓

② 온라인 문항 제작 등록 후 학생 개인별 답지카드 출력

↓

③ 교실(오프라인)에서 답지카드 선택을 통한 평가 시행

● 활용 모습

〈온라인 문항〉　　　　　　　　〈학생 개인별 답지카드〉

〈플리커스 앱을 활용한 교실 평가장면〉

교사가 화면에 온라인으로 준비한 문항을 띄우고 아이들은 이 문항에 대한 답을 개인별 답지카드를 통해서 선택한다. 교사의 스마트폰을 활용하여 아이들이 답지카드 들고 있는 곳을 비추면 정오답 여부가 화면에 표시되고 아래와 같이 평가 결과를 데이터화할 수 있다.

Name ∧	Total	변과 꼭지점 각각 3개인 도형은?
Class Average	● 63%	75%
강 정	● 100%	A
강 현	● 100%	-
김 서	● 50%	C
김 예	● 0%	-
김 재	● 100%	A
김 정	● 0%	-
박 서		
박 우	● 100%	-
박 주	● 100%	A

변과 꼭지점 각각 3개인 도형은?

삼각형	12
사각형	1
원	0

● 92%　　　13　　　10
average　　correct　　incorrect

 왼쪽의 답지카드가 학생 개인별 제공된다. 이 카드를 좌우, 상하를 바꿔가며 답안을 선택하면 플리커스 앱이 학생들의 답을 인식하는 원리이다. 기존의 골든벨 형식의 퀴즈 방식과 같으나 위 답지 카드 한 장으로 모든 문항에 영구적으로 사용 가능한 편리한 점이 있다.

● 수업 적용 방안
– 수업 과정 중 평가 장면을 데이터화하여 기록 가능
– 답지카드를 동료 평가에 활용할 수 있음(학생 발표가 끝난 후 답지카드를 A, B, C로 제시 후 스캔하여 동료평가에 활용)

패들렛(padlet)

● 장점: 브레인스토밍 등 학생들의 생각 모으기 활동 가능

● 수업 적용 방안
– 질문을 QR코드로 제시하고, 학생들은 QR코드를 스캔하여 수업 가능
– 조사발표 수업 시 사진, 링크 등 게시 가능
– 글쓰기 관련 과제 시 활용하여 모든 학생의 생각을 공유할 수 있음
– 기존 모둠 토의 시 모둠 전체 의견만 발표하고 학생 개개인의 생각을 확인하지 못하는 단점을 보완할 수 있음

멘티미터(mentimeter)

- **장점:** 멘티미터 사이트를 활용하여 생성되는 6개의 숫자를 활용하여 실시간 설문 조사 및 의견 모으기 활동 가능

- **수업 적용 방안**
  - 설문조사 관련 수업 시 학급 학생들의 실시간 설문조사 가능
  - 통계 및 그래프 제작 관련 시 활용 가능
  - 브레인스토밍 활동 시 활용 가능

- **사용 방법**

① 멘티미터 어플리케이션 다운로드 후 질문 및 설문 작성

↓

② 질문 및 설문 문구 작성 후 부여되는 6자리 숫자를 학생에게 공유

↓

③ 학생 개인별 스마트폰을 활용하여 답변 및 설문 작성 (TV 화면에 학생들의 답변 내용 실시간 반영 및 확인 가능)

- **활용 장면**

민주주의란 ( )이다

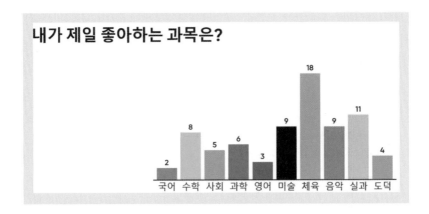

내가 제일 좋아하는 과목은?

제시한 스마트 툴이나 앱 외에도 수업에 활용할 수 있는 에듀테크 기술은 계속 발전하고 있다. 물론 수업에서 맺는 모든 관계를 에듀테크가 대체할 수는 없다. 하지만 에듀테크 기술을 수업에 적재적소 활용할 수 있다면 그동안 수업에서 상상하지 못했던 것들을 쉽게 구현해낼 수 있어 본인의 수업루틴에 유용한 자원이 될 것이다.

4장

•

수업루틴,
교사 교육과정을 만들다
– 교사 교육과정,
수업루틴의 깊이와 폭을 더하다

수업루틴이 모이면
교사 교육과정이 만들어진다

수업루틴은 다양한 교과, 영역, 성취기준에 포괄적으로 적용하여 일상 수업에서 활용하는 교사 개인의 수업 흐름과 방법을 의미한다. 수업루틴이 있는 교사는 수업 주제에 따라 즐겨 활용하는 수업 방법을 갖고 있으며, 교과나 영역에 따라 패턴화된 본인만의 수업 흐름이 있다. 이 말 자체가 교사 교육과정의 실천을 의미한다.

교과 및 영역의 특징에 따라 성취기준 도달을 위한 교사 본인만의 수업 흐름을 갖고 있다는 것은 교과서 차시에 의한 수업 흐름에서 벗어났음을 뜻한다. 또한 수업 주제에 맞게 자주 활용하는 수업 방법들을 갖고 있다는 것은 교과서 내용 그대로의 수업이 아닌 본인만의 수업 방법으로 새로운 수업디자인이 이루어지고 있다는 것을 이야기한다. 이러한 수업디자인들이 모여 교사 교육과정으로 연결되는 것이다.

앞 장에서 소개한 수업 준비 루틴 또한 교사 교육과정에 해당한다. 교사가 성취기준을 보고 학생들이 알고 있어야 할 것과 할 수 있어야 하는 것을 기준으로 학급 아이들의 수준에 맞게 새로운 내용과 방법으로 수업을 준비하는 것 자체가 교사 교육과정을 만들어가는 작은 단위의 실천이기 때문이다.

이처럼 교사 교육과정으로 연결되는 수업루틴이 더 정교해지고 적용 범위가 넓어지기 위해서는 교육과정을 해석하고 활용할 수 있어야 한다. 교육과정을 적극적으로 해석하고 자유자재로 활용하여 교사의 자율권을 최대한 활용할 수 있다면 교사별 다양한 수업루틴들이 만들어질 수 있고, 학습공동체를 통하여 이와 같은 수업루틴들이 공유된다면 교사 교육과정의 가능성은 더욱 커질 수 있는 선순환 체계가 갖추어질 수 있게 된다.

이를 위해 이 장에서는 그동안 교육과정에 대한 흐름을 정리해보고, 교사 교육과정이 무엇이고 어떻게 만들어야 하는지에 대하여 논해보도록 하겠다.

트렌드 코리아 교육과정

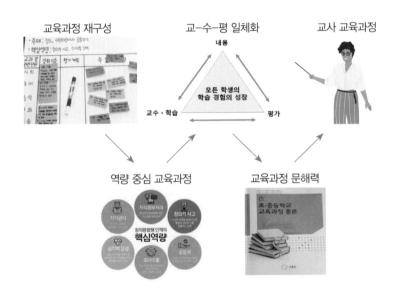

교사 교육과정에 대한 논의 이전에 최근 교육과정 담론을 살펴볼 필요가 있다. 교육과정에 대한 현장의 관심이 활발하게 된 계기는 혁신학교의 등장이라고 볼 수 있다. 혁신학교는 민주적 학교문화, 교육 본질에의 집중을 강조하며 최종 도달지점을 학생 중심 창의적 교육과정 운영으로 둔다.

일반적으로 이름난 혁신학교의 교육과정 운영을 들여다보면 교과서 그대로 교육과정을 운영하는 학교는 찾아보기 힘들다. 물론 혁신학교 등장 이전에도 교육과정 재구성에 대한 논의는 있었지만, 현장에서 활발한 담론을 형성하고 정책에서 강조되기 시작한 것은 혁신학교의 등장과 밀접한 관련이 있다.

이러한 교육과정 재구성에 대한 현장 중심의 논의와 더불어 교육청에서 행정적으로 재구성을 강조하다 보니 많은 학교에서 교육과정 재구성을 실천하려 하고 있다. 하지만 문서상의 교육과정 재구성은 어느 정도 실행되고 있지만, 수업에서 교육과정 재구성 계획대로 실행되지 못하는 경우가 많다. 또한 교육과정에서 목표한 것과 수업에서 다룬 것들이 평가에서 확인되고 다루어지지 않는 문제점이 생겨났다. 이러한 문제점에 의하여 교육과정-수업-평가 일체화에 대한 정책이 생겨났다.

또한 교육과정 재구성을 단순히 기계적인 문서작업으로 하는 것이 아닌 교육과정을 해석하고 이를 활용할 수 있는 교사의 역량에 대한 논의가 다루어지면서 교육과정 문해력 정책이 나왔다.

그리고 4차 산업혁명이라는 시대적 배경과 맞물려 과거의 지식중심

교육 패러다임에서 역량중심교육 패러다임으로 무게 추가 이동하였다. 2015 개정 교육과정에서 처음으로 핵심역량이라는 단어가 사용되었고, 대부분 시도교육청 교육과정 정책 문서에서 역량중심 교육과정, 역량기반 교육과정이라는 용어가 제시되었다.

이러한 교육과정 담론의 마침표가 교사 교육과정이라고 볼 수 있다. 교사 교육과정은 앞서 교사의 교육과정 문해력을 바탕으로 학생들의 역량을 키울 수 있는 교육과정 재구성이 이루어져 교육과정-수업-평가가 일체화된 최종 결과 단계를 말하는 용어다.

결국 교육과정과 관련된 정책용어는 하나다. 학생중심 교육과정이라는 최종 목표물을 위해 필요한 것들이 담론을 형성하며 하나의 정책용어들로 만들어진 것이다.

역량중심 교육과정은 학생중심 교육과정이 나아가야 할 교육과정의 패러다임 관점에서 볼 수 있는 교육과정 방향에 관한 용어이며, 교육과정-수업-평가 일체화는 학생중심 교육과정에서 교육과정, 수업, 평가가 어떤 관계를 맺어야 하는지에 대한 관점인 관계 측면에서 바라본 용어이다.

교육과정 문해력은 학생중심 교육과정을 만들기 위해 교육과정을 읽고 쓸 수 있는 교사의 역량과 관련된 용어이다. 마지막으로 교사 교육과정은 학생중심 교육과정이 과거 국가 교육과정 중심에서 학교와 교사가 개발 주체가 되어야 한다는 개발 주체 관점의 용어로 정리할 수 있다.

교사 교육과정이란 무엇인가?

교사 교육과정은 현장에서 다음과 같이 정의하고 있다.

학생의 삶을 중심으로 국가, 지역, 학교 수준 교육과정을 공동체성에 기반을 두어 교사가 적극적으로 해석하고 학생의 성장 발달을 촉진하도록 편성 운영하는 교육과정

– 학생의 삶 중심: 학생이 현재와 미래의 삶을 살아가는데 필요한 핵심역량을 기르는 교육과정
– 공동체성에 기반: 학년(군)별 협의회, 교과별 협의회, 전문적 학습공동체
– 교사의 적극적인 해석: 교사의 철학을 바탕으로 한 교육과정 문해력

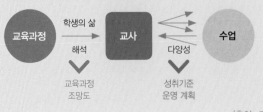

(출처: 경기도교육청)

경기도교육청은 '교사별 교육과정', 경상남도교육청은 '교사수준 교육과정'이라는 정책 용어를 사용하고 있지만 두 용어 모두 교사 교육과정과 일맥상통하는 의미이다.

교사수준 교육과정은 다음 장 그림의 왼쪽 윗부분인 교사가 직접 교육과정 개발에 참여하는 학교수준과 교사수준 교육과정 단계에 초점을 맞추어 만든 정책 용어이다. 학생중심 교육을 위하여 교사들이 머리를 맞대어 직접 고민하고 만드는 학교수준과 교사수준 단계를 중요시하고 있다.

교사별 교육과정은 다음 장 그림의 오른쪽 부분에 초점이 맞추어진 정책용어이다. 별(別)이라는 의미는 그림의 왼쪽 부분의 학교와 교사수준 교육과정에 의하여 실행된 교육과정인 수업이 교사별로 다양해진다는 함축적 의미를 담고 있다.

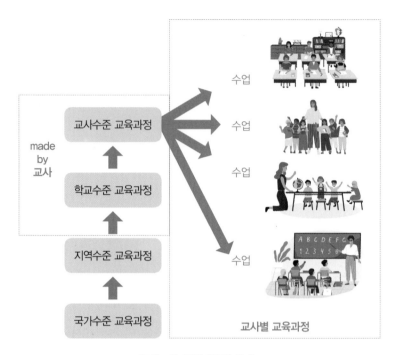

〈교사 교육과정의 함축적 의미〉

교사 교육과정은 위 두 가지 정책 의미를 모두 함축하고 있어야 한다. 교사가 직접 참여하는 학교와 교사수준 교육과정 수립 단계의 강화 그리고 이에 의하여 실행된 교육과정인 수업의 개별화·특성화·다양화의 의미를 담고 있다.

또한 교사 교육과정은 다음의 절차에 의하여 만들어지고 실행되어야 한다. 교사의 교육과정 문해력에 의하여 교육과정 문서를 해석하고 학생의 삶을 반영하여 재구성된 교육과정을 만들어낸다. 이 재구성된 교육과정은 교육과정-수업-평가가 일체화되어 있어야 한다. 중요한 것은 이렇게 만들어진 교육과정이 종이, 계획만으로 끝나는 것이 아닌 실제 수업으로 실행되는 실행된 교육과정으로 연결될 수 있어야 한다. 이러한 과정에 의하여 만들어지고 실행된 교육과정을 교사 교육과정이라 부를 수 있다.

〈교사 교육과정이 만들어지는 절차〉

즉, 교사 교육과정은 그동안 교육과정 정책인 교육과정 문해력, 교육과정-수업-평가 일체화, 교육과정 재구성이 종합적으로 구현된 결과물이라 볼 수 있다.

학급 교육과정과
다른 점은?

교사 교육과정과 학급 교육과정, 차이점은 무엇일까?

교사 교육과정에 대한 이야기가 이곳저곳 교육청의 문서에 실리기 시작하면서 "도대체 학급 교육과정과 뭐가 다른 것인가?" 하고 질문하시는 분들이 많았다. 질문의 뉘앙스를 떠올려보면 대부분 궁금해서 물어보는 것이 아닌 비판적으로 물어보는 말투였다.

필자가 활동하고 있는 교육과정위원회나 교육과정 지원단 대상 연수에서도 이런 질문을 하는 분들이 꽤 많이 있었다. 교사 교육과정 이전에 분명 학급 교육과정이라는 것이 존재했었다. 이 질문에 대한 답을 찾아보기 위해 실제 학급 교육과정을 통해서 교사 교육과정과의 차이점을 분석해보도록 하겠다.

주	기간	요일	대단원	소단원	쪽수	차시	학습주제(학습목표)
30	10.14~18	화	2. 시대마다 다른 삶의 모습	① 옛날과 오늘날의 생활 모습	50~53	1/7	단원 학습 내용 예상하기
		수			54~56	2/7	자연에서 얻은 도구를 사용하던 옛날의 생활 모습 알아보기
		수			57~59	3/7	새로운 도구를 만들어 사용하던 옛날의 생활 모습 알아보기
31	10.21~25	목			60~62	4/7	농사 도구의 변화로 달라진 사람들의 생활 모습 알아보기
		목			63~65	5/7	음식과 옷을 만드는 도구의 변화로 달라진 사람들의 생활 모습 알아보기
		금			66~69	6/7	사람들의 사는 집의 모습 변화 알아보기
					70~73	7/7	집의 변화로 달라진 사람들의 생활 모습 알아보기

〈○○초 학급교육과정 중 일부〉

실제 많은 학교에서 사용하고 있는 학급 교육과정 양식이다. 학급 교육과정은 학급 실태, 목표, 진도표, 평가계획 등 세부적으로 다양한 챕터로 구성되어 있다. 이 중 학급 교육과정이 교사 교육과정이 되기 위해서는 위 진도표-교과별 세부지도계획 부분이 중요하다. 앞의 학급 교육과정이 과연 교사별 학생의 특성을 고려하여 교사가 가르칠 내용을 새롭게 구성한 교육과정인가?

위 학급 교육과정 틀은 교과서의 단원, 차시 쪽수를 기준으로 가르치는 기간만 학급별로 다른 모든 교사가 같은 교과서 교육과정이다.

즉 학급 교육과정의 대단원, 소단원, 쪽수, 차시, 학습주제는 전국 모든 교사가 같은 내용이다. 다만 왼쪽 부분의 시기만 학급 진도에 의하여 다를 뿐이다. '교사별', '교사수준'이라는 단어를 붙일 수 없는 교육과정이다.

그럼 교사 교육과정의 틀은 어떤 모습이어야 할까?

학급 교육과정의 진도표 틀 중 교과서의 단원 항목 이전에 교육과정을 고려한 '교육과정 성취기준'이 제시되어야 한다. 또한 교과서의 차시기준에 의하여 모든 학급이 같았던 차시 양이 교사의 교육과정 운영 관점에 의하여 ± 조정이 이루어진다. 또한 교육과정 성취기준 도달, 역량과 연계된 수업이라는 더 큰 목표에 의하여 교과서의 학습주제(학습목표)가 일부 또는 전부 변경될 수 있으며 새롭게 추가될 수 있다. 이 내용이 학급 교육과정과 교사 교육과정의 가장 큰 차이점이며 기존의 학급 교육과정이 교사 교육과정이 되기 위한 핵심요소라 할 수 있다.

성취기준	관련단원	차시	학습주제 (학습목표)	주	기 간	요일
[4사02-03] 옛 사람들의 생활 도구나 주거 형태를 알아보고, 오늘날의 생활 모습과 비교하여 그 변화성을 탐색한다.	2. 시대 마다 다 른 삶의 모습 ① 옛날 과 오늘 날의 생 활 모습	1/8	옛날 생활도구 조사발표 학습을 위한 모둠별 역할 및 조사방법 정하기	30	10.7~11	화
		2~3/8	○○박물관 현장체험학습 을 통하여 모둠별 각자 맡 은 생활도구 조사자료 수 집하기〈현장학습〉			수
		4~5/8	조사한 사진 및 조사기록 장을 활용하여 모둠 발표 자료 만들기〈보고서평가〉	31	10.14~18	화
		6/8	모둠별 옛날 생활도구 발 표하고, 오늘날과 달라진 점 브레인스토밍 학습하기 〈관찰평가〉			수
		7/8	모둠별 브레인스토밍 월드 카페 활동하기	31	10.21~25	화
		8/8	타임머신을 타고 온 세종 대왕님의 일기 쓰고 발표 하기, 〈논술형 평가〉 선생 님과 달라진 생활 모습 이 야기하기			수

〈교사 교육과정 진도표 예시〉

물론 교사 교육과정이 제대로 만들어지고 운영되기 위해서는 학급 실태와 이에 따른 학급 비전, 학급 운영철학, 교사별 평가계획 등이 함께 마련되어야 한다. 하지만 기존의 학급 교육과정이 교사 교육과정이 되기 위해 가장 먼저 고민하고 살펴봐야 할 부분은 위에서 언급한 교사만의 새로운 차시 구성과 내용이다.

교사 교육과정과
역량을 키우는 수업

지식을 키우는 수업

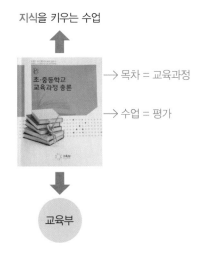

→ 목차 = 교육과정

→ 수업 = 평가

교육부

　지식을 키우는 것이 주목표인 교육과정과 수업은 위 그림과 같이 교과에 의하여 구분된 지식을 교과서라는 일목요연하게 정리된 자료를 통해 활용하는 것이 효율적이다. 교과서에 수록되는 지식은 교사 개개인이 만드는 것보다 국가가 관리하고 통제하는 것이 효율적이며 안전하다는 생각으로 항상 국가가 주도적으로 만들어왔다. 이렇게 만들어진 교과서의 목차가 우리 교실의 교육과정이 되며 교과서의 내용 들이 수업이자 평가가 되어왔다. 즉 국가가 만든 교과서가 곧 교육과정이자 수업, 평가인 국가 교육과정이 교실 곳곳에 들어와 있었다.

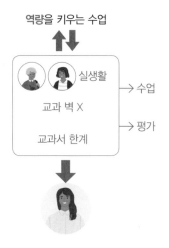

하지만 역량을 키우는 것이 주 목표인 교육과정과 수업은 교과에 의하여 엄격하게 구분된 교육과정 운영방식보다는 학생들의 삶과 연계된 실제 맥락 속에서 교과 지식, 기능, 가치·태도 요소들이 복합적으로 일어날 수 있는 장면들이 필요하다. 이러한 장면은 국가가 일괄적으로 교과서를 통하여 제시하는 것보다 학생의 실태, 흥미 등을 고려하여 교사

가 직접 만들 때 학생들의 역량 신장에 더 효율적이다. 국가 수준 교육과정의 성취기준을 기반으로 학생들의 삶과 연계된 수업 장면을 만드는 과정에서 교사가 교육과정을 주도적으로 만들고 운영하는 교사 교육과정이 만들어지게 된다.

즉, 학생들의 역량을 키울 수 있는 수업은 기존의 교과서에 의한 국가가 만들어준 교육과정 운영방식으로는 한계가 있다. 역량을 키울 수 있는 수업을 디자인하는 과정에서 아이들을 바라보고 이에 맞는 교사와 학생만의 교육과정이 만들어지는 것이다.

교사 교육과정을 만드는 2가지 축

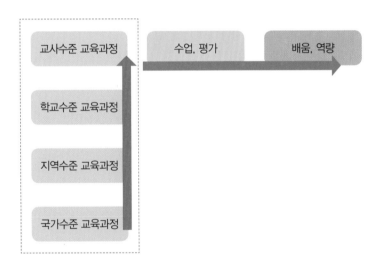

교사 교육과정 정식 코스는 위 그림과 같이 국가 수준 교육과정의 기준 → 지역수준 교육과정의 지침 → 학교수준 교육과정의 실태 및 목표를 바탕으로 만들어져 수업과 평가로 실행되어 배움과 역량이 형성되는 절차를 거친다. 이와 같은 흐름을 탔을 때 계획된 교육과정(국가-지역-학교-학급 교육과정)과 실행된 교육과정(수업과 평가)이 일관성을 갖는다고 할 수 있다.

교사 교육과정이 일관성을 갖추기 위해서는 위 그림의 가로, 세로 2개의 화살표인 2개의 축이 핵심이다. 2가지 축이 의미하는 것은 무엇일까?

세로축의 의미

세로축은 교사가 교육과정 문서에 해당하는 교육과정 총론과 각론, 지역교육청 교육과정 편성 운영지침을 바르게 해석하여 학교와 교사 교육과정이 설계되는 과정을 의미한다. 이 과정에서는 교사의 교육과정 문해력이 큰 영향을 미친다.

국가와 지역에서 개발한 교육과정 문서를 구별할 수 있어야 하며, 이를 읽고 해석할 수 있는 눈이 필요하다. 또한 학교의 지역적 특색과 학생 실태를 반영한 학교 교육과정의 방향 설정이 필요하다. 학교 교육과정에는 해당 학생들의 실태를 반영한 목표, 교육과정 편제, 강조하는 역량 등이 설정될 수 있다.

마지막 교사수준 교육과정 단계에서는 지역 학생의 실태를 반영한 교육과정 재구성 방향 설정, 이에 따른 성취기준의 재구조화 등의 교육과정 설계능력을 필요로 한다. 이 단계에서 전국의 모든 교사에게 똑같이 주어지는 성취기준이라는 재료가 학생의 실태, 교사의 철학, 학생의 흥미 등에 의하여 각각 다른 용도로 활용되어 교사별 특색 있는 교육과정으로 만들어질 수 있다.

세로축에 의해 교사 교육과정이 만들어지는 실제 장면은 다음과 같다. 같은 국가수준 교육과정 성취기준으로 다른 교육과정이 만들어지는 A 선생님과 B 선생님의 교사 교육과정을 비교해보도록 하겠다.

<A 선생님의 교육과정>

① A 선생님은 독서교육을 중요시하였다. 그래서 아이들과 그림책 읽기를 자주 하였으며, 이를 교육과정에 반영하여 다음과 같은 교사 교육과정을 만들어냈다.

② 그림책을 활용한 온작품읽기 교육과정 운영을 위하여 다음 3개의 국가 수준 교육과정 성취기준을 선별하였다.

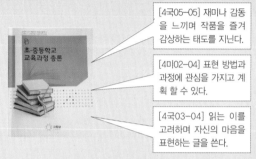

[4국05-05] 재미나 감동을 느끼며 작품을 즐겨 감상하는 태도를 지닌다.

[4미02-04] 표현 방법과 과정에 관심을 가지고 계획 할 수 있다.

[4국03-04] 읽는 이를 고려하며 자신의 마음을 표현하는 글을 쓴다.

③ 그리고 이 3개의 성취기준을 활용하여 A 선생님만의 온작품 읽기 교육과정을 만들어냈다.

| [4국05-05] 재미나 감동을 느끼며 작품을 즐겨 감상하는 태도를 지닌다. | + | [4미02-04] 표현 방법과 과정에 관심을 가지고 계획 할 수 있다. | + | [4국03-04] 읽는 이를 고려하며 자신의 마음을 표현하는 글을 쓴다. |

〈A 교사의 온작품 읽기 교육과정〉

A 선생님의 온작품 읽기 교육과정은 독서 활동, 마음을 표현하는 글쓰기, 미술과의 표현방법이 모두 녹아들어 간 교육과정이다. 이 교육과정 안에서 [4국05-05], [4미02-04], [4국03-04] 성취기준이 조합을 이루어 A 선생님만의 특별한 교사 교육과정이 만들어졌다.

이번에는 앞의 A 선생님과 같은 국가 수준 교육과정 성취기준으로 다른

교육과정이 만들어지는 B 선생님의 교사 교육과정을 살펴보도록 하겠다.

\<B 선생님의 교육과정\>

① B 선생님이 근무하는 학교는 다문화 학생이 다수 재학하는 학교이다. 다문화 학생이
많은 학급 상황에 교과서에 의한 교육과정 운영이 맞지 않는다고 생각하였다.

② 다문화 학생이 많은 학급 특성상 다문화 감수성을 키워주기 위하여 3개의 국가 수준
교육과정 성취기준을 선별하였다.

[4국05-05] 재미나 감동
을 느끼며 작품을 즐겨
감상하는 태도를 지닌다.

[4미02-04] 표현 방법과
과정에 관심을 가지고 계
획 할 수 있다.

[4사04-06] 우리 사회에
다양한 문화가 확산되면
서 생기는 문제(편견, 차
별 등)및 해결 방안을 탐
구하고, 다른 문화를 존
중하는 태도를 기른다.

③ 그리고 이 3개의 성취기준을 활용하여 B 선생님만의 교육과정을 만들어냈다.

| [4국05-05] 재미나 감동을 느끼며 작품을 즐겨 감상하는 태도를 지닌다. | + | [4미02-04] 표현 방법과 과정에 관심을 가지고 계획 할 수 있다. | + | [4사04-06] 우리 사회에 다양한 문화가 확산되면서 생기는 문제(편견, 차별 등)및 해결 방안을 탐구하고, 다른 문화를 존중하는 태도를 기른다. |

〈B 교사의 다문화 교육과정〉

[4국05-05] 성취기준 활용 다문화 도서 작품 감상 활동
[4사04-06] 성취기준 활용 다문화 감수성 키우기 활동

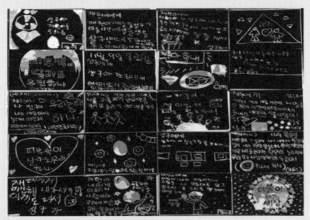
[4미02-04] 성취기준 활용 다문화 감수성을 키우는 미술 표현 활동

B 선생님의 다문화 교육과정은 B 선생님이 근무하는 아이들에게 꼭 필요한 교육을 고민하고 만들어진 교육과정이다. 이 교육과정 안에서 [4국05-05], [4미02-04], [4사04-06] 성취기준이 조합을 이루어 B 선생님만의 특별한 교사 교육과정이 만들어졌다.

위 두 선생님의 교육과정 운영사례를 통하여 모든 교사에게 공통으로 주어지는 국가 수준 교육과정 성취기준이 아이들의 실태, 교사의 교육철학에 의해 전혀 다른 교육과정으로 만들어질 수 있음을 확인할 수 있다.

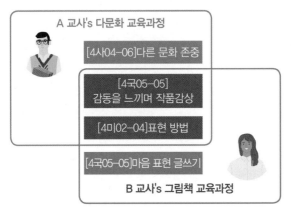

〈같은 성취기준으로 다른 교육과정 만들기〉

이 과정에서 교과서 차례 및 내용 그대로 수업이 이루어지는 교육과정 운영방식이 아닌 성취기준 간의 시너지를 통하여 새로운 교육적 가치를 만들어냈다.

교과의 벽을 넘어 성취기준들이 맥락적으로 하나로 연계되어 새로운 교육적 가치를 만들어낼 수 있는 것은 교사 교육과정이 만들어지는 주요 메커니즘이라 할 수 있다.

지금까지 교사 교육과정이 만들어지는 두 가지 축 중 세로축의 의미를 알아보았다. 교사 교육과정이 만들어지는 세로축은 국가와 지역 수준 교육과정을 바탕으로 아이들에게 맞는 교육과정, 교사의 교육철학이 묻어 있는 교사만의 교육과정 생산을 의미한다.

가로축의 의미

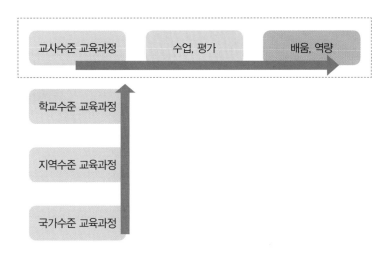

　　가로축은 계획된 교육과정이 실제 실행된 교육과정으로 만들어지는 단계를 의미한다. 앞의 세로축이 계획된 교육과정이라면 가로축은 문서상의 교육과정이 실제 수업과 평가가 되어 아이들의 배움과 역량이 형

성되는 과정을 의미한다.

세로축은 교사 공동체를 통하여 큰 틀의 교육과정을 함께 만드는 공동체성이 필요하다. 가로축은 공동체성에 의하여 함께 만들어진 교육과정을 보다 구체적인 수업과 평가 장면으로 만드는 과정이다.

세로축이 거시적인 관점에서 학생중심 교육과정을 만드는 과정이라면, 가로축은 구체적인 수업 장면에서 학생의 흥미와 관심을 고려한 미시적 관점에서 학생중심 교육과정을 만드는 과정이다.

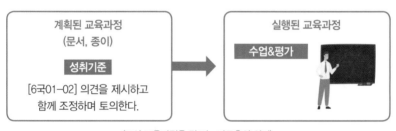

〈교사 교육과정을 만드는 가로축의 의미〉

위 그림의 왼쪽 부분인 국가수준 교육과정 성취기준은 모든 교실에 공통으로 주어진다. 이 성취기준을 교과서 내용 그대로 수업을 하면 교사 교육과정이 아닌 교과서 교육과정으로 수업이 이루어지며, 전국 모든 교실이 똑같은 교육과정으로 실행될 것이다. 하지만 교사가 교육과정 성취기준에서 꼭 알고 있어야 할 내용과 학생들이 할 수 있어야 할 것들을 추출한 뒤 학생들에게 가장 효과적이며 교사가 가장 잘할 수 있는 수업 장면과 방법을 선정할 경우 교실마다 다양한 교사 교육과정이 만들어질 수 있다. 앞의 성취기준도 교과서 내용과 방법으로 토의를 하는 것이 아닌 실제 학생들이 쉽게 접할 수 있는 생활 속 주제로 토의 내용을 정하고 교사가 평상시에 즐겨 사용하는 토의방법을 사용할 경우 이 선생님만의 교사 교육과정이 만들어지는 것이다. 이와 같은 원리에 의하여 실제 교사 교육과정이 만들어지는 과정을 살펴보도록 하겠다.

글을 읽고 주요 내용을 확인한다

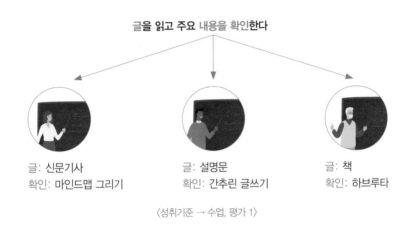

글: 신문기사
확인: 마인드맵 그리기

글: 설명문
확인: 간추린 글쓰기

글: 책
확인: 하브루타

〈성취기준 → 수업, 평가 1〉

국어과 성취기준 중 "글을 읽고 주요 내용을 확인한다."가 있다. 이 성취기준의 "글"과 "내용 확인"은 교사에게 자율권이 주어진다. 이 자율권의 범위가 바로 교사 교육과정을 만들어주는 공간이다. 주어진 공통의 성취기준을 왼쪽 교사는 글을 신문기사, 내용 확인을 마인드맵 그리기로 정했다. 가운데 교사는 글을 설명문, 내용 확인을 간추린 글쓰기로 정했다. 오른쪽 선생님은 글을 책으로, 내용 확인을 하브루타로 정했다.

모두 같은 성취기준이지만 자율권의 범위 안에서 각자 다른 수업장면과 방법들이 활용되었으며, 이는 세 선생님의 수업과 평가 방법을 다양하게 만들었다.

〈성취기준 → 수업, 평가2〉

다양하게 풀이된 수업 장면과 평가 방법은 결국 교사별 특색있는 수업과 평가가 되었다. 수업과 평가 장면들이 모여 교육과정이 되는 것이기 때문에 이러한 성취기준 → 수업·평가 연결 장면들이 모여 교사별 다양한 교육과정이라는 결과를 얻을 수 있다.

결국 가로축은 계획된 교육과정이 실행된 교육과정과 직접 맞닿는 장면으로 모든 교사에게 공통으로 제공되는 성취기준이 구체적 수업과 평가 장면으로 연결되고 실행되어 교사 교육과정이 만들어지는 과정을 의미한다.

성취기준,
선택과 집중이 교사 교육과정을 만든다

수학과 성취기준 – 교과서 단원 연결표 중 일부

성취기준	차시 주제	차시
[4수01-16] 분모가 같은 분수의 덧셈과 뺄셈의 계산 원리를 이해하고 그 계산을 할 수 있다.	[단원 도입]	1
	분수의 덧셈을 해 볼까요(1)	2
	분수의 뺄셈을 해 볼까요(1)	3
	분수의 덧셈을 해 볼까요(2)	4
	분수의 뺄셈을 해 볼까요(2)	5
	분수의 뺄셈을 해 볼까요(3)	6
	분수의 뺄셈을 해 볼까요(4)	7
	[생각 수학] 이야기를 읽고 문제를 해결해 볼까요	8
	[얼마나 알고 있나요]	9
	[탐구 수학] 어느 채소에 물을 줄까요	10

성취기준	차시 주제	차시
[6도03-04] 세계화 시대에 인류가 겪고 있는 문제와 그 원인을 토론을 통해 알아보고, 이를 해결하고자 하는 의지를 가지고 실천한다.	• 지구촌 문제를 해결하려고 노력한 분들 알아보기 • 지구촌 이웃을 돕는 과정에서 발생하는 문제 탐구하기 • 지구촌의 어려움을 해결하려고 애쓴 분들의 본받을 점 찾기	1
	• 존중받지 못하는 지구촌 이웃의 입장 이해하기 • 지구촌 이웃을 도울 수 있는 활동 계획하기 • 지구촌 이웃을 도우려는 마음 다지기	2
	• 지구촌 문제의 원인 파악하기 • 지구촌 문제의 올바른 해결 방법 토의하기 • 토의한 내용 정리해 국제기구에 편지 쓰기	3
	• 우리 생활과 지구촌 문제의 관련성 파악하기 • 지구촌에서 어려움을 겪는 친구들의 삶 체험하기 • 존중과 인류애의 필요성 알기	4

앞의 성취기준 단원 연결표를 분석해보면 수학과 분수와 관련된 성취기준이 10개의 차시로 구성되어 있으며, 도덕과 세계화와 관련된 성취기준의 경우 4개의 차시로 교육과정이 구성되어 있는 것을 확인할 수 있다.

이러한 성취기준 당 시수 배분이 전국 모든 학생에게 알맞은 숫자일까? 기초학습 부진학생이 많은 학급의 학생들에게 10차시가 효율적인 차시 배분일까? 기초학습 부진학생이 많은 학급에서는 10차시보다 많은 차시가 필요한 교육과정이 요구된다. 다문화 학생이 많은 학급에서 다문화 감수성과 관련된 [6도03-04] 성취기준에 배당된 4차시로 충분할까? 다문화 감수성을 키우는 것이 목표인 다문화 학생이 다수 재학하는 학교에서는 4차시 + α의 차시들이 필요할 것이다.

혼히 말하는 기초학습 부진학생들, 이해력이 부족한 학생들이 많은 실태를 가진 학급의 교사는 3Rs와 관련이 깊은 성취기준에 중요성을 두고 시수를 늘리는 교육과정 운영 방식이 필요하다. 이와 다르게 학생들이 사교육을 많이 받아 선행학습 비율이 높은 학급의 경우 실생활과 연계한 프로젝트 수업으로 부족한 부분을 채워줄 수 있는 교육과정 운영이 필요하다.

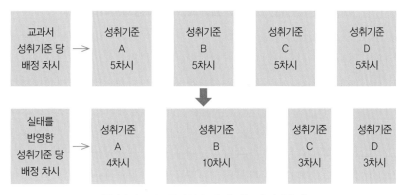

〈학생에게 꼭 필요한 성취기준을 강조한 교육과정 운영〉

위 그림에서와 같이 성취기준당 배정 차시와 차시별 학습주제들을 살펴본 후 우리 학생들에게 조금 더 필요한 교육과정이 되기 위해서 추가학습이 필요한 성취기준에 선택과 집중을 해야 할 필요성이 생길 수 있다. 또는 실제 수업을 진행하면서 학생들에게 피드백의 필요성이 생기면서 원래 계획보다 추가 학습이 진행되는 경우가 있다. 이러한 경우와 같이 학생에게 조금 더 필요한 교육과정을 고민하고 이와 관련된 성취기준에 선택과 집중을 하는 절차 또한 교사 교육과정으로 다가가는 한 과정이 될 수 있다.

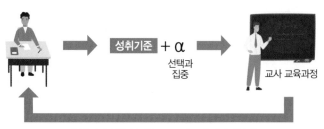

〈성취기준 선택과 집중으로 교사 교육과정 만들기〉

지역 및 사회 경제적 요인에 따라 학생들은 다양한 실태를 갖고 있다. 다양한 학생의 특징들이 있으면 이러한 특징에 맞는 교육을 위해 꼭 필요한 성취기준들이 있다. 이러한 성취기준들을 볼 수 있는 눈과 이에 대한 선택과 집중을 하는 교육과정 설계가 곧 교사 교육과정으로 연결되며 결국 학생중심 교육과정이라는 결과가 만들어지는 선순환 고리가 형성된다.

교사 교육과정을 담는 그릇, 편제 혁신

구 분		시수 (+:증배 -:감축)		
		3학년	4학년	6학년
교과	국 어	204	209 (+5)	200 (-4)
	수 학	142 (+6)	136	138(+2)
사회/도덕	사 회	102 (-6)	97 (-5)	102
	도 덕	34	34	34
과학/실과	과 학	102	102	102
	실 과	·	·	70 (+2)
	체 육	102	102	102
예술	음 악	68	68	68
	미 술	68	68	68
	영 어	68	68	102
창의적체험활동		102	102	102

위 사진은 일반적인 학교에서 볼 수 있는 교육과정 편제 시수이다. 교육과정의 색깔을 결정하는 중요한 요소 중 하나는 교과별 편제이다. 이

처럼 많은 학교에서 시행하는 작은 숫자의 교과별 시수 증배, 감축이 교육과정 색깔을 내는 데 역할을 할 수 있을까? 물론 대부분 시수 증감을 하는 교육과정에서 선언적으로 "우리는 국어과 수학과 교육과정에 집중된 운영을 강조한다."라고 제시되어 있다. 하지만 실제 교육과정을 운영해보고 수업을 한 교사들은 알 것이다. 이러한 작은 숫자 ±를 활용한 시수 놀음이 실제 아이들에게 별 영향을 미치지 못한다는 것을….

앞에서 이야기했던 교사 교육과정을 만드는 여러 가지 요소를 담을 수 있는 편제가 필요하다. 교육부의 표준 시수는 전국 공통의 일반적인 상황을 바탕으로 제시된 말 그대로 표준 시수일 뿐이다. 교사 교육과정의 방향성을 담아내기 위해서는 다음 두 가지 새로운 편제 접근 방법이 필요하다.

① 편제의 틀 깨기

학생중심교육을 위한 교사별 교육과정을 담을 수 있는 편제에 대한 고민이 필요하다.

> **204 102 68 34**

교사들에게는 매우 익숙한 숫자일 것이다. 교육부에서 정해놓은 교과별 표준 시수들이다. 또한 교육과정 총론에 다음과 같은 문구가 제시되어 있다.

나. 교육과정 편성·운영 기준
학교는 학교의 특성, 학생·교사·학부모의 요구 및 필요에 따라 교과(군)별 20% 범위 내에서 시수를 증감하여 편성·운영할 수 있다. 단, 체육, 예술(음악/미술) 교과는 기준 수업 시수를 감축하여 편성·운영할 수 없다.

〈교육과정 총론 中 일부〉

이 문구를 최대한 활용하여 기존 교과별 표준 시수를 20% 범위 안에서 감축하는 것이 가능하다. 국어 204, 수학 136, 사회 과학 102 기존 시수 20% 안에서 감축을 하여 국어 204→164로 감축, 수학 136→116으로 감축, 사회 과학 102→82 시수로 감축을 할 수 있다.

이처럼 감축을 하여 국어 40 + 수학 20 + 사회 20 + 과학 20 = 100차시 양이 만들어졌다. 이 100차시를 교사 교육과정을 위한 의미 있는 공간으로 활용할 수 있다. 이 과정을 정리해보면 다음 페이지의 그림과 같다.

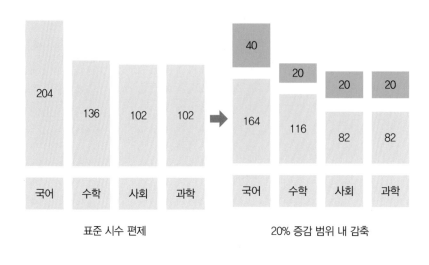

표준 시수 편제 → 20% 증감 범위 내 감축

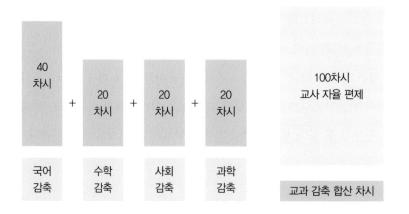

이 100차시 안에 무엇을 담을 것인가? 학생중심교육을 위한 주제 통합 프로젝트 수업들을 담아낼 수 있다. 100차시 분량을 떼어낸 이유는 100차시가 일반적인 한 달 분량의 수업 시수이기 때문이다. 이 한 달 분량의 100차시를 2주 단위로 1학기 2주, 2학기 2주 기간 동안 학생들에게 꼭 필요한 주제 통합 프로젝트 수업을 운영할 수 있다. 주제 통합 프로젝트 수업이 어려운 이유 중 하나는 교과 교육과정 편제와 시간표 안에 이루어지는 구조적 한계 때문이다. 기존 교과 시간표 안에 프로젝트도 함께 이루어지다 보니 흐름이 끊기고 기존 교과 내용과 프로젝트 내용 두 가지 모두를 다루는 것에 대한 피로감으로 실천에 어려움이 생겼다. 실제 학생들과 다문화 프로젝트 교육과정을 운영하면서 새로운 교육과정 편제를 만들고 프로젝트를 운영해본 경험이 있었다. 이 기간에 아이들과 프로젝트라는 하나의 주제로 긴 호흡으로 여유 있게 수업을 했었던 경험이 있다.

100차시 내용들이 교과 연계된 것이고, 감축한 교과 차시들 안에서 성취기준을 모두 이수시킬 수 있는 경우 이러한 교육과정 운영이 행정적으로도 가능하다.

실제 중학교의 자유학기제, 자유학년제의 경우 이와 같은 교육과정 편제를 통하여 학생들에게 다양한 교육과정을 제공하고 있다. 초등의 경우도 이와 같은 새로운 교육과정 편제를 통하여 교사 교육과정에 한 발짝 더 다가갈 수 있다.

② 만들어가는 편제

일반적인 학교에서 교육과정을 만드는 방식은 다음과 같다. 학교 교육과정 담당 부장이 학년별 과목별 시수를 정한다. 이 시수에 맞추어 학년 공통으로 시수에 맞는 교육과정 운영계획을 수립한다. 교육과정 운영에 대한 자율권이 있는 학교에서는 학년에서 교과별 시수 운영계획을 수립하고 학교 교육과정 부장이 각 학년의 시수들을 수합한다. 이 모든 과정은 해당 교육과정이 시작되기 전이나 시작되는 초기 단계에서 이루어진다. 하지만 이렇게 수립된 시수는 단지 계획된 시수 편제일 뿐이다.

실행된 교육과정 단계에서는 아이들의 흥미, 학습 상태, 추가 학습의 필요성 등에 의하여 교과별 시수는 변동의 여지가 충분히 있을 수 있다. 실제 수업과 평가 장면 그리고 피드백을 하는 과정에서 시수는 계획보다 늘어날 수도 있고 줄어들 수도 있다. 이러한 교육과정 운영의 변동성 때문에 만들어가는 교육과정이 필요하다. 대강화된 교육과정 계획이 실행된 교육과정 단계에서 학생과 교사의 필요성에 의하여 좀 더 구체화되고 체계화된 현실에 맞는 교육과정의 모습이 될 수 있다.

물론 행정적인 문제(학기 초 정보공시, 나이스 교과별 시수 편제 입력) 때문에 기본적인 계획 수립은 필요하다. 하지만 실제 수업과 평가 장면을 통하여 교과별 편제는 얼마든지 조정될 수 있다.

또한 교사별 교육과정을 가로막는 현행 나이스 입력 시스템에 대한 보완이 필요하다. 현행 나이스 교과 편제 시수 입력은 학년 단위로 일괄적으로 입력한다. 이럴 경우 동학년 교사 모두가 교육과정에 대한 고민과 노력이 있지 않은 이상 일반적인 교과서에 의한 시수 편제를 따를 수밖에 없다.

하지만 교사의 교육철학, 학생들의 실태, 교사가 평소에 아이들과 즐겨 활용하는 수업 방법, 아이들이 좋아하는 수업 장면과 활동들, 아이들의 성취기준 도달도 등에 따라서 교과별 시수 편제는 같은 학교 교사들일지라도 다양하게 만들어질 수 있다.

이처럼 교사 교육과정을 담을 수 있는 시수 편제가 되기 위해서는 국가 수준 교육과정 편성 운영 방침에 어긋나지 않는 전제조건하에 교사별로 시수 편제를 자율적으로 편성할 수 있는 시스템이 뒷받침되어야 한다.

교사별 평가로 완성되는 교사 교육과정

교사별 평가는 학생들에게 수업하는 교사가 평가를 출제한다는 의미로 같은 맥락으로 교육부에서 '교사별 과정중심평가'라는 정책을 활용하고 있으며 다음과 같이 정의하고 있다.

교사별 과정중심평가: 교사가 자신이 가르치는 학생(학급)에 대해 평가 계획에서부터 평가도구 개발, 평가 시행, 피드백 및 결과 산출, 기록까지 개별적으로 수행하는 평가

결론부터 이야기하면 교사 교육과정은 교사별 평가가 뒷받침될 때 만들어질 수 있으며 이유는 다음과 같다.

교사 교육과정은 다음 그림과 같이 공통적인 국가 수준 교육과정을

교사의 교육과정 문해력에 의하여 해석하고 다양한 해석 관점, 학생의 실태를 반영하여 교사마다 다양한 수업 장면을 만드는 것이 기본 원리이다.

이렇게 교육과정 해석 → 교육과정 설계 → 교사의 해석과 학생의 삶을 반영한 수업의 흐름을 탄 후 평가 단계는 어떤 모습이어야 할까? 두 가지 장면으로 나뉜다.

첫째, 과거와 같은 평가 방식으로 1반 선생님이 모든 학급의 국어 평가 문항을 출제하고, 2반 선생님이 모든 학급의 수학 평가 문항을 출제하는 방식으로 교사별 교육과정이 마무리되는 단계이다. 이 경우 수업은 교사마다 다양한 방식으로 수업을 했지만, 평가는 모두 같은 학습 내용과 같은 문항으로 평가를 받는다.

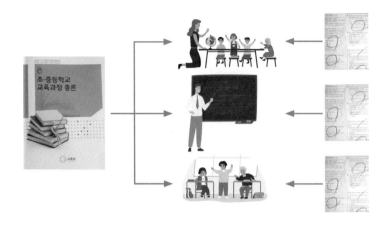

이 경우 어떤 문제점이 생길까? 수업은 교사별 학생을 고려한 다양한
수업이 실행되었지만 평가가 모두 같은 것을 묻기 때문에 평가에 의하
여 배우는 내용이 결국 같은 내용으로 수렴될 수밖에 없다. 이 경우 평
가 문항이 모두 같기 때문에 어쩔 수 없이 평가 날짜와 시간 또한 한날
한시로 맞출 수밖에 없게 된다. 이로 인하여 성취기준을 중심으로 교사
별 자유로운 교육과정 운영 방식이 불가능하게 된다.

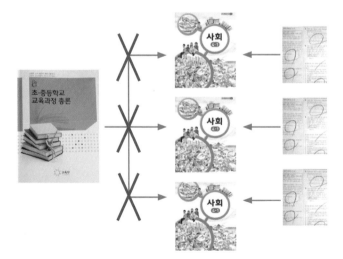

결국 과거와 같은 일제식 평가 방식으로 인하여 수업이 다시 과거로 되돌아가는 악순환이 반복되어 교육과정 문해력에 의한 교사별 교육과정의 흐름이 끊기고 말 것이다.

이와 같은 악순환으로 교사별 교육과정이 다시 교과서 교육과정으로 되돌아가는 방지하기 위해서 마지막 평가의 역할이 중요하다.

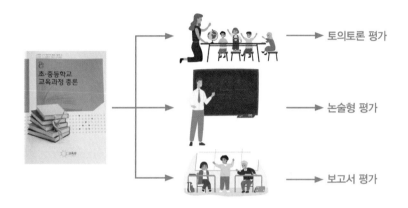

평가가 교사별 교육과정 해석, 학생들의 실태를 반영한 수업과 흐름을 같이하여 수업 장면이 그대로 평가 장면으로 연결될 수 있도록 해야 한다. 위 그림과 같이 수업장면이 그대로 평가 장면으로 연결되는 교사별 평가가 이루어질 경우 교육과정 해석 → 교육과정 설계 → 교사의 해석과 학생의 삶을 반영한 수업 → 수업 장면을 바탕으로 한 평가가 하나의 흐름으로 자연스럽게 이어질 수 있으며 이를 교육과정-수업-평가가 일관성을 갖췄다 할 수 있다. 교사별 교육과정은 이와 같이 교사별 평가까지 갖추어질 때 완성될 수 있다.

교사 교육과정 속 교육과정 수업 평가 기록 일체화

　교육과정 수업 평가 기록 일체화는 계획된 교육과정인 교육과정 설계와 실행된 교육과정인 수업과 평가의 일치된 상태를 의미한다. 이를 위해서는 교육과정 속 목표와 관련된 내용이 수업으로 만들어질 수 있게 계획되어 있어야 하며, 이러한 계획들이 실제 수업과 평가로 실천되어야 한다. 평가 결과에 대한 학생들의 기록은 수업 장면에서 나타나는 의미 있는 성장과 발달 장면들을 정리할 수 있는 내용이어야 하며, 교육과정에서 목표한 것들에 대한 도달 정도가 제시되어 있어야 한다.

　실행된 교육과정 속 수업과 평가는 서로 하나로 연결될 수 있도록 같은 것을 가르치고 평가하는 것을 의미한다. 수업이 곧 평가, 평가 장면 하나하나가 수업 활동으로 부를 수 있을 경우 수업과 평가가 일체화되었다고 할 수 있다.

일체화와 같은 맥락의 의미로 연계, 일관성, 일맥상통 등 다양한 용어들이 전국의 시도교육청 교육과정 정책 문서들과 논문, 학계 등에서도 사용되고 여전히 강조되고 있다. 당연히 교사 교육과정 담론 안에서도 교육과정 수업 평가 기록은 일체화된 상태가 되어야 한다. 교사 교육과정 속 교육과정 수업 평가가 일체화되기 위해서 다음 질문들을 던져본다.

① 일체화를 위한 교육과정 설계 시 질문

> 학교, 학급 교육과정 목표를 반영한 교육과정 설계가 되어 있는가?
> 성취기준 단위로 평가 활동이 포함된 교육과정이 설계되어 있는가?

교사 교육과정 수립 시 학급의 비전, 목표 등이 첫 부분에 제시된다. 형식상 이런 내용이 없을 때도 있지만, 교육과정 수립 시 가장 먼저 고민해야 할 부분은 비전과 목표이다. 실제 학교에서 생산하는 교육과정 문서인 학교, 학년, 학급 교육과정을 분석해보면 대부분 비전, 목표가 제시되어 있다. 그런데 비전과 목표는 말뿐이고 이를 반영한 교육과정 설계가 되어 있는 교육과정을 찾기는 쉽지 않다. 비전과 목표는 주제 통합 프로젝트를 통하여 구현할 수도 있고, 수업 장면과 방법들을 통하여도 구현될 수 있다.

또한 비전과 목표 수립 시도 국가와 지역 수준 교육과정의 목표 방향 기준 등을 고려해야 한다. 이를 바탕으로 학교, 학년, 학급 교육과정이 만들어지고 실제 교육과정 계획 곳곳에 녹아들어 설계되었을 경우 국가 수준 교육과정부터 지역, 학교, 학년, 학급 교육과정이 일관성을 갖출 수 있다.

교육과정 수업 평가 일체화를 위한 가장 기본은 진도표 수립 단계라 할 수 있다. 흔히 말하는 교과별 세부지도계획에 해당하며 이 단계에서 성취기준 단위 평가할 수 있는 활동들이 수업과 연계되어 설계되어 있어야 한다. 하지만 필자가 실제 교육과정 컨설팅 위원 활동을 통해서 많은 학급의 교육과정 들을 보았을 때 교과별 세부지도계획이 수업에 대한 계획만 실려있는 경우를 아직도 흔하게 볼 수 있었다.

② 수업에서 필요한 일체화를 위한 질문

> 배움을 확인할 수 있는 활동이 있는가?
> 피드백을 할 수 있는 여백이 있는 수업 계획인가?

'수업=진도 나가기'라는 고정관념을 가진 교사들이 아직 많이 있다. 그리고 매 차시 칠판 학습목표 칸에는 새로운 내용들이 적힌다. 아직도 많은 교사의 머릿속에 수업과 평가는 분리된 것으로 인식된 경우가 많기 때문이다. 역량을 목표로 하는 교육에서의 평가는 실제 교실 활동 장면에서 이루어지는 경우가 많다. 성취기준만 보아도 실제 장면이나 아이들의 수행 장면을 요구하는 것들이 많다. 따라서 이러한 성취기준 도달도를 확인하기 위한 수업 활동들이 필요하며, 이 활동들이 바로 평가가 되는 것이다. 하지만 교과서 차시 중심으로 교육과정을 설계할 경우 성취기준에 요구하는 중요한 기능요소, 이를 위한 실제적 맥락이 포함된 수업 장면을 놓치는 경우가 많다. 따라서 성취기준 단위로 학생들이 할 수 있어야 하는 것을 분석한 후 이러한 것들을 고려한 수업활동이 선정되고 실행되어야 한다.

피드백 또한 마찬가지이다. 위와 같이 평가를 포함한 수업이 이루어지는 경우 성취기준에 미도달하거나 도달도가 낮은 학생들을 수업 중 확인할 수 있다. 이러한 학생들은 고쳐주고 성장시켜줄 수 있는 골든타임은 결국 수업이다. 하지만 진도 나가기로 빡빡한 계획과 많은 내용으로 준비된 수업은 피드백이 들어갈 공간이 없다. 따라서 '내가 하는 수업에 여백이 있는가?'에 대한 대답이 필요하다.

③ 일체화를 위한 평가 단계에서 질문

평가계획서에 있는 평가 내용이 학급(학년) 교육과정에 들어 있는가?
평가를 수업 마무리 활동으로 쓸 수 있는가?

모든 교사는 학기 초 평가계획서를 만든다. 평가계획서를 수립해야 하는 정보공시, 교육부 훈령이라는 행정절차가 있기 때문이다. 그런데 이 평가계획서와 교육과정 진도표(교과별 세부지도계획)를 1 : 1 매칭해서 보면 평가계획서에 있는 내용이 실제 교육과정 진도표에 포함되어 있는 경우가 몇 퍼센트나 될까? 필자가 꽤 오랜 기간 평가 컨설팅 위원을 하면서 많은 학교의 평가계획서, 그리고 교육과정을 함께 보았는데 평가계획서에 있는 평가들이 교육과정에 반영되어 있는 경우가 드물었다. 이는 곧 교육과정≠평가, 즉 연계되지 않는다는 것을 문서에서도 말해주는 것이다.

또한 수업과 평가의 일체화를 다른 말로 이야기하면 평가가 곧 수업 활동이 될 수 있어야 한다. 하지만 내가 하는 평가를 수업의 마무리 활동으로 쓸 수 있는 교사가 어느 정도나 될까? 형식적으로 서술형·논술형 평가나 수행평가 중심으로 평가가 많이 이루어지고 있다고는 하지만 내용은 아직 단순 지식만 확인하는 수준의 평가가 이루어지는 경우가 많다. 이는 수업시간에 나타나는 학생들의 의미 있는 성장과 발달 장면을 종합적으로 확인하는 평가라 할 수 없다. 교육과정에서 요구하는 다양한 역량과 관련된 요소들에 대한 평가는 더욱더 아니다. 따라서 교육과정 수업 평가가 일체화된 교사 교육과정을 운영하기 위해서는 내가 하는 평가가 수업의 마무리 활동으로 활용할 수 있는가에 대한 대답을 자신 있게 할 수 있어야 한다.

교과서로 만드는
교사 교육과정

교과서는 계륵인가?

교육과정과 관련된 연수를 듣다 보면 다음과 같이 이야기하는 분들을
어렵지 않게 찾아볼 수 있다.

> 나는 교과서를 아예 사용하지 않는다.
> 교과서를 버려야 한다.
> 우리 학교는 100% 주제 통합 교육과정으로 운영한다.

정말 훌륭하신 분들이다. 하지만 이런 교육과정 운영 방식이 모든 교
사에게 가능할까?

대한민국 교사들의 현실은 이렇다. 출근하고 20분 동안 아이들 아침 맞이를 하거나, 그날그날의 업무 및 전달 사항을 체크한다. 그리고 바로 수업에 들어가고 중간중간 쉬는 시간에는 아이들이 혹시 싸우지는 않는지, 소란스럽게 복도에 뛰어다니지는 않는지 확인하고 짧게나마 다음 수업시간을 준비한다. 그리고 오후 두세 시 수업이 끝나면 아이들 하교 지도하고 가끔씩 학부모님들의 아이들 관련 민원 전화에 응대한다. 그리고 청소 지도와 교실 정리를 하고 업무 관련 공문을 처리하면 어느덧 퇴근시간이 된다. 수요일같이 아이들이 일찍 가는 날이면 각종 연수 등 학교 행사, 각종 회의 일정들이 빼곡히 짜여 있다. 이렇게 빈틈없이 근무시간을 보내는 교사들에게 교과서를 버리고 자기만의 새로운 교육과정을 만드는 것이 가능할까? 물론 시간 외 근무나 야근, 혹은 주말에 교육과정에 매달리면 가능할 수도 있다.

현실은 근무시간 동안 교과서와 지도서, 그리고 인디스쿨과 같은 사이트를 활용하여 교재연구를 하는 시간만이라도 주어진다면 감사하다. 이러한 현실에서 교과서를 버리고 자기만의 새로운 교육과정을 만든다는 이야기는 어쩌면 현실성 없는 꿈 같은 이야기로 들릴 수도 있다.

그래서 조금 현실적인 이야기를 하고 싶다. 대한민국 모든 교사가 교과서 없이 자신만의 교사 교육과정을 만드는 일은 현실적으로 어려운 일이기 때문에 교과서를 활용한 교사 교육과정 운영 방법을 실제 사례(수학 2학년 1학기 5단원 교과서를 활용한 교사 교육과정)를 통해 제시해보겠다.

수학과 2-1-5. 분류하기 단원 교과서 구성

차시주제	교과서 쪽수	차시
단원 도입	120~121	1/8
분류는 어떻게 할까요	122~123	2/8
기준에 따라 분류해 볼까요	124~127	3/8
[놀이 수학] 분류하여 찾아볼까요	128~129	4/8
분류하여 세어 볼까요	130~133	5/8
분류한 결과를 말해 볼까요	134~137	6/8
[얼마나 알고 있나요]	138~139	7/8
[탐구 수학] 분류하여 만들어 볼까요	140~141	8/8

5단원을 교과서 그대로 수업하면 교사 교육과정이라 할 수 없다. 이 8개의 차시는 전국 공통의 선생님에게 말 그대로 표준으로 제시된 성취기준 도달 코스이다.

교육과정
[2수05-01]
기준으로 분류하여 개수를 세어보고,
결과를 말할 수 있다.

이 8개의 차시를 그냥 수업으로 갖고 오기 전에 앞의 그림과 같이 머릿속에 8개 차시가 만들어진 근거인 성취기준과 각 차시 주제를 매칭해

서 생각해본다. 그리고 '각 차시들이 성취기준 도달을 위하여 꼭 필요한
가?'의 관점에서 분석한다.

① 1차시 분석

1차시의 경우 성취기준 도달을 위한 동기유발의 역할을 하는 차시이
다. 성취기준 도달이라는 관점에서 생각해봤을 때 삭제하여도 문제가
되지 않는 차시이다. 1차시는 이 관점에 의하여 삭제할 수 있다.

② 4, 8차시 분석

〈4차시〉   〈8차시〉

4차시와 8차시는 앞 차시에서 배운 내용을 활용해보는 차시이다. 물
론 4, 8차시를 다루는 것도 좋은 수업이지만, 4, 8차시를 하지 않아도 성
취기준 도달에는 큰 문제가 되지 않는다. 실제 구슬을 준비하고 팔찌를
만들어보는 활동을 하지 않는 학급을 많이 봐왔다.

③ 7차시 분석

7차시는 단원평가와 관련된 차시이다. 물론 7차시의 단원평가를 활용할 수도 있지만 수업 과정 중 학생들의 도달도를 평가하고 수업 장면들과 연계된 다른 장면으로 평가를 한다면 다루지 않아도 성취기준 도달 측면에는 문제가 되지 않는 차시이다.

④ 2, 3, 5, 6차시 분석

2차시	분류는 어떻게 할까요
3차시	기준에 따라 분류해 볼까요
5차시	분류하여 세어 볼까요
6차시	분류한 결과를 말해 볼까요

2, 3, 5, 6차시는 앞의 차시들과 성격이 다른 차시이다. 성취기준을 건물, 차시를 기둥에 비유하자면 앞의 차시(기둥)들은 없어도 건물(성취기준)이 무너지지 않는 차시이다. 하지만 2, 3, 5, 6차시에 해당하는 기둥들은 내력벽의 역할을 하는 차시이다. 즉 차시 내용 자체가 성취기준이 세워지는 데 없으면 문제가 되는 차시이다. 성취기준인 분류에 대한 개념 형성, 실제 분류를 하고 이에 대한 결과를 말할 수 있는 기능 형성을 위해서 꼭 필요한 차시이다.

물론, 이 차시들도 교과서를 사용하지 않고 교사가 새로운 내용으로 수업을 운영할 수도 있다. 하지만 어떤 수업 내용을 새롭게 가져와도 이 차시만의 수업 목표는 교과서에서 정해놓은 차시 목표와 다르지 않을 것이다. 이러한 관점에서 보면 내력벽의 역할을 하는 차시들은 교과서에 있는 내용을 활용하는 것이 효율적이고 경제적이라 볼 수 있다.

차시	차시주제	반영
~~1~~	~~단원 도입~~	~~삭제~~
2	분류는 어떻게 할까요	유지
3	기준에 따라 분류해 볼까요	유지
~~4~~	~~[놀이 수학] 분류하여 찾아볼까요~~	~~삭제~~
5	분류하여 세어 볼까요	유지
6	분류한 결과를 말해 볼까요	유지
~~7~~	~~[얼마나 알고 있나요]~~	~~삭제~~
~~8~~	~~[탐구 수학] 분류하여 만들어 볼까요~~	~~삭제~~

〈성취기준 도달 관점에서 분석한 교과서 차시〉

이 관점에서 표와 같이 교과서를 실제 교육과정에 반영하니 다음과 같이 성취기준 "[2수05-01] 교실 및 생활 주변에 있는 사물들을 정해진 기준 또는 자신이 정한 기준으로 분류하여 개수를 세어보고, 기준에 따른 결과를 말할 수 있다." 도달을 위한 8차시 분량의 교과서가 4차시로 줄었다. 원래 배정된 시수는 8차시기 때문에 여유분으로 생긴 4차시를 무엇으로 채울 것인가에 따라 교사 교육과정이 만들어지는 공간이 생기는 것이다.

차시	차시주제	반영
2	분류는 어떻게 할까요	유지
3	기준에 따라 분류해 볼까요	유지
5	분류하여 세어 볼까요	유지
6	분류한 결과를 말해 볼까요	유지
여유 4차시	?	

이 4차시 공간에 분류를 활용한 분류 놀이를 하는 2차시를 추가하여 총 6차시의 교육과정을 운영할 수 있다. 실제 저자가 2학년 담임을 했었을 때 분류를 활용한 우리 학교 식물도감 만들기를 프로젝트 수업을 하여 총 10차시 분량의 교육과정을 운영한 경험도 있다. 물론 4차시만으로 성취기준을 도달시켰다면 이대로 [2수05-01] 성취기준을 끝내도 교육과정 도달이라는 목표에는 문제가 없으므로 상관없다. 이와 같이 만들어진 차시들로 다른 의미 있는 교육활동을 하였다면 이것도 선생님 자신만의 교사 교육과정 색깔을 만들어가는 과정이 될 수 있다.

기존 교과서	
차시	차시주제
2	분류는 어떻게 할까요
3	기준에 따라 분류해 볼까요
5	분류하여 세어 볼까요
6	분류한 결과를 말해 볼까요

〈선택된 교과서 차시와 새롭게 구성된 차시의 조합〉

　이처럼 교과서를 활용해서도 충분히 교사 교육과정을 만들 수 있다. 교과서 속 교사가 들어올 수 있는 공간을 찾아내고 그 공간을 무엇으로 채우느냐에 따라 교사별로 색깔을 낼 수 있는 교사 교육과정이 만들어지는 것이다.

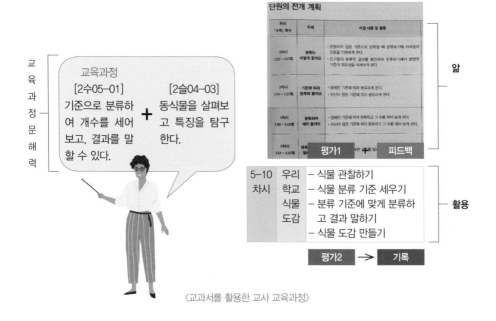

〈교과서를 활용한 교사 교육과정〉

지금까지 이야기한 교과서를 활용한 교사 교육과정을 위와 같이 하나의 그림으로 표현할 수 있다. 이 그림에는 최근의 교육과정, 수업, 평가 담론들이 모두 담겨 있다.

　교사가 교과서를 여과 없이 100% 수업으로 활용하는 것이 아닌 머릿속에 교육과정 성취기준을 떠올리고 이를 활용하여 교과서 차시 하나하나를 분석하고 필터링한 과정이 교육과정 문해력을 발휘한 장면이다. 또한 수학과 분류와 비슷한 시기에 함께 학습할 수 있는 성취기준을 연결지어 프로젝트 수업을 만든 것이 성취기준 조망도에 의하여 교육과정을 설계했다고 표현할 수 있다.

　수학과의 분류에 대한 개념을 수업하고 분류에 대한 평가를 과정 중 실시하고 피드백을 하고 다시 한 번 생활 속 장면에서 평가하고 종합적인 학생의 역량을 평가하는 것에서 과정중심평가의 관점도 확인할 수 있다.

　분류를 활용한 식물도감 만들기는 결국 수업이면서 동시에 평가로 활용되었다. 이와 같은 '수업이 곧 평가'가 되는 활동들이 모여 교육과정-수업-평가가 일체화되는 것이다.

　마지막으로 역량을 키우는 수업의 모습도 확인할 수 있다. 수학시간에 배운 분류의 개념을 책, 교실 속에서만 끝나는 것이 아닌 아이들의 삶(학교, 운동장)에서 활용해볼 기회를 제공하며, 이 과정에서 문제해결능력, 협업할 수 있는 경험을 할 수 있게 디자인된 수업이 바로 역량을 키우는 수업이라 할 수 있다.

교사 교육과정을 위한 교육과정 문해력 갖추기

    교육과정 문해력은 교육과정 문서에 대한 해석을 바탕으로 교육과정 설계, 수업디자인, 평가계획 작성 및 도구 개발에 활용할 수 있는 능력을 의미하며 교사 교육과정의 질을 좌우하는 교사의 역량이라 볼 수 있다. 교사 교육과정은 단순히 교사가 교육과정을 만든다는 의미의 용어가 아니다. 교육과정 설계 시 국가와 지역 수준 교육과정의 기준과 방향을 담아내며, 수업 장면들이 교육과정과 탄탄하게 연결되어 있으며, 아이들을 평가하는 평가도구들 또한 각 교과 교육과정의 목표, 성취기준들과 긴밀히 연결된 교사 교육과정이 만들어져야 한다. 이러한 교사 교육과정을 위해 교사에게 요구되는 역량이 교육과정 문해력이다.

    교육과정 문해력은 큰 틀에서 교육과정에 대한 해석과 활용 두 가지 영역으로 구분할 수 있다. 또한 해석과 활용은 개별적으로 나눠져 있는 것이 아닌 서로 상호작용하면서 교육과정 설계와 수업디자인, 평가도구 개발에 영향을 미친다.

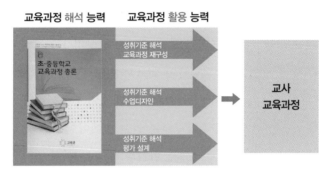

〈교육과정 문해력과 교사 교육과정〉

위 그림과 같이 교사 교육과정은 교육과정에 대한 해석과 이를 기반으로 한 교육과정 설계·수업디자인·평가도구 개발 단계에서의 활용을 통해서 만들어져야 한다. 교육과정 문해력이 필요한 이유는 다음 그림에서도 알 수 있다.

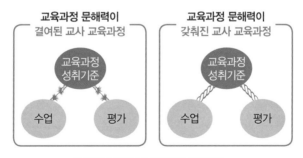

〈교육과정 문해력에 의한 교사 교육과정〉

왼쪽 그림은 교사의 교육과정 문해력이 결여된 상태이다. 수업이 진행되지만 수업이 교육과정의 목표, 지향점 등을 반영하지 못하며 성취기준에서 요구하고 있는 것들을 다루지 못한 상태를 나타낸다. 말 그대로 수업과 평가가 흐름이 끊긴 교사 교육과정이 만들어지는 것이다. 오른쪽 그림은 교육과정 문해력이 잘 갖추어진 교사의 교육과정 운영 상태이다. 그림과 같이 수업 장면들이 교육과정 문서에서 강조하는 역량과 각 교과별 목표와 튼튼하게 연결된 교육과정이 만들어진다. 또한 평가 장면에서도 성취기준에서 요구하는 알고 있어야할 것들과 할 수 있어야 할 것들을 타당도 있게 평가로 연결된 상태로 볼 수 있다. 이와 같이 교육과정 문해력이 갖추어진 교사는 교육과정 문서와 수업과 평가 장면이 튼튼하게 연결된 교사 교육과정을 만들고 운영할 수 있다.

성취기준을 맹신하는 교사와 넘어선 교사

최근 교육과정, 수업, 평가와 관련된 연수나 워크숍 등에서 가장 많이 나오는 단어 중 하나가 '성취기준'일 것이다. 성취기준은 교육과정 재구성 시 뼈대 역할을 하며, 수업과 평가의 기준이 되는 역할을 한다. 이런 성취기준을 대하는 교사의 태도는 2가지로 나뉜다.

성취기준을 맹신하는 교사

조금 과장된 표현으로 맹신이라는 단어를 썼다. 교육과정 재구성, 수업디자인, 평가계획 설계, 평가도구 개발 등 모든 것들을 성취기준 프레임에 갇힌 채로 운영하는 교사를 말한다. 물론 성취기준은 "학생들이 교과를 통해 배워야 할 내용과 이를 통해 수업 후 할 수 있거나 할 수 있기를 기대하는 능력을 결합하여 나타낸 수업 활동의 기준(2015 개정 교과 교육과정 고시 문서)"이 된다. 하지만 성취기준에만 맞추어 교육과정을 운영하는 교사의 경우 성취기준 틀 안에만 갇히게 되어, 교사 교육과정이 만들어질 수 있는 운신의 폭이 좁아진다.

성취기준을 맹신하는 교사의 경우 수업의 최종 목표지점을 성취기준에 제시되어있는 내용과 행동요소로 생각한다. 물론 성취기준이 수업에서 도달해야 할 중요 목표지점이지만 실제 수업 장면과 역량을 강조하는 교육은 성취기준만이 교육의 효과라 볼 수 없다.

성취기준 자체에 대한 고민도 필요하다. 대부분 성취기준은 아이들에게 핵심 개념을 형성시켜 교과 역량이 만들어지기 위한 꼭 필요한 내용요소와 기능, 가치·태도들로 제시가 되지만, 아닌 성취기준들도 있다. 수업을 하는 교사의 눈이나 아이들의 성향에 따라서 교사의 재진술이나 통합, 수정 보완이 필요한 성취기준들도 있다.

그럼 성취기준을 대하는 교사의 태도는 어떤 모습이어야 할까?

성취기준 너머를 볼 수 있는 교사

학생들과 수업을 하다 보면 의도했던 것보다 더 많은 배움이 일어난 아이들의 모습을 본 경험을 가진 교사들이 있을 것이다. 또는 성취기준 이외의 배움을 의도하고 수업디자인 단계에서부터 고민한 경험들이 있을 것이다. 이와 같은 수업경험과 수업디자인 의도 모두 성취기준을 넘어선 배움을 기대할 수 있는 수업이다.

위 그림과 같이 성취기준을 넘어선 배움을 생각했을 때, 그리고 이러한 수업들이 모였을 때 교사 교육과정의 깊이와 폭은 넓어질 것이다.

성취기준 재구조화, 교사 교육과정의 뼈대를 세우다

교육과정을 설계하고 수업을 운영하다 보면 성취기준 2~3개의 내용을 통합하여 수업하는 것이 효율적인 상황이 많이 있다. 특히 주제 통합 프로젝트 수업의 경우 성취기준 간 통합 및 순서 재배열 등을 통한 재구조화가 필수적으로 요구된다. 또한 앞 장의 내용과 같이 성취기준뿐만 아닌 성취기준을 넘어선 배움을 의도한 수업은 성취기준을 보완해야 할 필요가 있다.

평가 시 평가요소가 비슷한 성취기준은 성취기준을 통합하여 평가계획을 수립하는 것이 효율적인 경우도 많다.

학생 중심 교사 교육과정이 되기 위해서 기존 성취기준을 수정·보완, 재배치, 통합하는 과정이 성취기준 재구조화이다. 성취기준 재구조화는 교육과정의 근간을 이루는 성취기준을 학생을 위한 교사 교육과정으로 바꾸는 데 꼭 필요한 절차이다. 비유하자면 건물의 뼈대를 바꿔 다른 건물 모양으로 만드는 과정과 같으며, 이 과정이 바로 교과서 교육과정의 뼈대를 교사 교육과정 뼈대로 바꾸는 것이다.

성취기준 재진술을 통한 재구조화

한정적인 학습상황, 단순 수행 기능으로 제시되어 있는 성취기준의 경우 교과 역량이 키워질 수 있는 내용으로 재진술할 수 있다.

기존 성취기준	성취기준 재진술
[4과02–01] 자석 사이에 밀거나 당기는 힘이 작용하는 현상을 관찰하고 두 종류의 극을 구별할 수 있다.	[4과02–01] 자석 사이에 생기는 힘을 관찰하여 자석 사이에 생기는 현상을 분석하고 설명할 수 있다.

〈성취기준 재진술 예시1〉

기존 성취기준은 자석 사이에 단순히 밀거나 당기는 힘을 관찰하고 극을 구별하는 단순 수행만을 요구하였다. 이 경우 과학적 탐구능력, 과학적 의사소통능력 등 과학과의 교과 역량이 신장되는 데 연계성이 부족한 수업이 될 수 있다. 따라서 기존 성취기준에서 요구하는 내용 요소와 기능을 기반으로 교과 역량에 더 다가갈 수 있는 내용으로 성취기준을 재진술할 수 있다.

이와 같이 성취기준을 수정·보완하여 재진술할 경우 성취기준 → 교과 역량 → 핵심역량의 연결고리가 더 탄탄해질 수 있다.

성취기준의 기능 요소에서 수정·보완이 필요한 경우들도 있다. 아래 예시들과 같이 성취기준의 기능요소가 실제 교수·학습 과정에서 요구하는 행동 요소들과 일치하지 않는 경우 내용 체계표에 근거하여 재진술이 필요하다.

기존 성취기준	재구조화된 성취기준	재진술 이유
[10통사01-03] 행복한 삶을 실현하기 위한 조건으로 질 높은 정주 환경의 조성, 경제적 안정, 민주주의의 발전 및 도덕적 실천이 **필요함을 설명한다.**	[10통사01-03] 행복한 삶을 실현하기 위해 질 높은 정주 환경의 조성, 경제적 안정, 민주주의의 발전 및 도덕적 실천이 **필요한 이유를 분석한다.**	학생들에게 자신의 주장에 대한 발표할 것을 요구하는 것이 아니라, 행복한 삶과 여러 조건들 간의 관계에 대한 주장의 근거(이유)에 대해 살펴볼 것을 요구하고 있음.
[10통사02-02] 자연에 대한 인간의 다양한 관점을 사례를 통해 **설명하고,** 인간과 자연의 바람직한 관계에 대해 제안한다.	[10통사02-02] 자연에 대한 인간의 다양한 관점을 사례를 통해 **분석하고,** 인간과 자연의 바람직한 관계에 대해 제안한다.	학생들에게 자신의 주장에 대한 발표할 것을 요구하는 것이 아니라, 기존의 관점(인간 중심주의와 생태 중심주의)에서 제시하는 주장들과 그 근거에 대해 살펴볼 것을 요구하고 있음.

(출처: 차조일·강대현(2019)에서 인용)

〈성취기준 수정·보완 예시2〉

성취기준 통합을 통한 재구조화

성취기준 통합을 통한 재구조화는 내용 요소와 기능이 유사한 성취기준을 교과서와 같이 각각 다른 교과, 내용으로 수업을 하고 평가를 하는 것이 아닌 동일 맥락으로 묶어서 수업하고 평가하는 것을 의미한다. 학습 내용이 유사한 성취기준을 하나로 묶어 깊이 있는 학습이 가능하고, 실제적 맥락에서 배운 내용을 활용할 수 있는 기회를 제공할 수 있기 때문에 역량 형성에 효과적이다.

또한 동일 내용 요소나 기능을 중복하여 학습하는 것이 아닌 통합한 학습이 가능하여 교육과정 운영의 효율성을 기대할 수 있다.

통합된 성취기준을 바탕으로 평가계획을 수립하고 한 가지 평가 장면에서 2~3개의 성취기준을 동시에 평가할 수 있기 때문에 평가 횟수 적정화의 효과도 얻을 수 있다.

실제 5학년 1학기에 제시되는 과학과의 "[6과-04-02] 다양한 생물이 우리 생활에 미치는 긍정적인 영향과 부정적인 영향에 대해 토의할 수 있다." 성취기준과 국어과 "[6국01-02] 의견을 제시하고 함께 조정하며 토의한다." 성취기준은 교과서에 의하여 다른 시기에 각자 다른 내용과 방식으로 수업과 평가가 이루어지도록 되어 있다. 하지만 두 성취기준 모두 토의라는 같은 기능으로 만들어졌기 때문에 내용을 과학과의 생물이 생활에 미치는 영향으로 토의 주제를 정하면 두 성취기준을 모두 다룰 수 있는 수업과 평가 장면이 될 수 있다.

기존 성취기준		통합 성취기준
[6과-04-02] 다양한 생물이 우리 생활에 미치는 긍정적인 영향과 부정적인 영향에 대해 토의할 수 있다. [6국01-02] 의견을 제시하고 함께 조정하며 토의한다.		다양한 생물이 우리 생활에 미치는 긍정적인 영향과 부정적인 영향에 대해 의견을 제시하고 함께 조정하며 토의할 수 있다.

이와 같이 성취기준을 통합하여 생물이 실제 학생들의 생활에 미치는 영향이라는 주제로 토의를 할 경우 과학에서 배운 내용을 국어의 토론 기능, 과학적 의사소통 등을 활용하여 심층적 이해가 일어나는 학습으로 만들 수 있다. 또한 국어과의 토의 기능이 생물이라는 주제와 함께 활용되어 실제적 맥락에서 배움을 연결할 수 있는 기회를 제공할 수 있다.

평가 장면에서도 성취기준 통합 내용을 각 교과 평가내용으로 선정하여 하나의 수행 장면에서 국어과와 과학과 두 교과를 동시에 평가할 수 있다.

성취기준 중심 교육과정 운영

성취기준 재구조화와 같은 맥락에서 교과서 단원 중심이 아닌 성취기준 중심 교육과정 운영이 필요하다.

교과서 차시에 의하여 각각의 내용으로 시간적·내용적으로 분산된 학습을 하는 것보다 성취기준을 통합하는 것이 두 개의 성취기준이 시너지 효과를 발휘하여 학생들에게 심층적 이해가 일어나도록 할 수 있다.

예를 들어 성취기준 [6국03-01], [6국03-05] 모두 글쓰기 기능을 요구하고 있다. 4단원의 경우 글쓰기의 기초를 다루며, 7단원의 경우 기행문과 관련된 실제 글을 쓰는 내용으로 구성된다. 하지만 기능 요소가 같이 때문에 두 단원을 다른 단원으로 구성하여 각각 학습하는 것보다 함께 묶어 학습하는 것이 효율적일 수 있다. 실제 4단원의 학습 내용은 일어난 일, 생각이나 느낌을 시간의 순서대로 적는 활동이 있다. 이 활동은 7단원의 기행문 쓰기와 밀접한 관련이 있기 때문에 교과서 단원에 의한 분리된 방식의 수업이 아닌 성취기준 중심으로 두 단원의 내용을 통합하여 운영하는 것이 효율적인 교육과정 운영 방식이 될 수 있다.

유사 학습요소 성취기준의 분리된 교육과정 운영

4단원. 글쓰기의 과정. [6국03-01] 쓰기는 절차에 따라 의미를 구성하고 표현하는 과정임을 이해하고 글을 쓴다.

7단원. 기행문을 써요. [6국03-05] 체험한 일에 대한 감상이 드러나게 글을 쓴다.

유사 학습요소 성취기준의 통합된 교육과정 운영

| [6국03-01] 쓰기는 절차에 따라 의미를 구성하고 표현하는 과정임을 이해하고 글을 쓴다. |
| [6국03-05] 체험한 일에 대한 감상이 드러나게 글을 쓴다. |

이러한 성취기준 중심의 교육과정 운영방식 또한 직접적인 성취기준의 수정·보완, 재진술, 통합이 이루어지지 않았지만, 기존 교과서 내용의 순서 재배치를 통한 교사 교육과정이 만들어지는 데 기여할 수 있다.

교사의 삶이 곧, 교사 교육과정

교사 교육과정은 말 그대로 교사가 만드는 교육과정이다. 따라서 만드는 교사의 역량과 개인 특성이 교육과정이라는 결과물에 그대로 반영된다. 초등교사의 경우 자신 있는 과목들이 있다. 이처럼 교사가 강점을 갖고 있는 교과의 교육과정은 타 교과에 비해 질적으로 뛰어난 교육과정으로 만들어질 가능성이 크다.

그림과 같이 과학 교과에 전문성이 있는 교사는 다양한 실험수업을 실행하고, 성취기준과 연계하여 아이들 삶과 연계된 다양한 과학수업을 한다. 이러한 교사의 경우 타 교과보다 과학과가 우수한 교육과정이 만들어질 것이다.

교과뿐만 아니라 스마트기기를 잘 활용하는 교사의 경우 이를 활용한 다양한 에듀테크 수업을 펼쳐나갈 수 있다. 이 경우 또한 수업방법을 통한 교사 교육과정으로 연결될 수 있다.

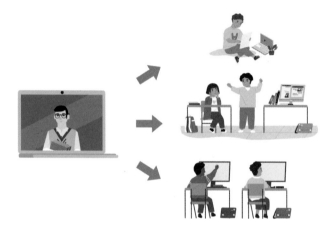

이처럼 교사들은 각자 특기와 장점이 있으며, 이러한 교사의 성향이 교사 교육과정으로 연결될 수 있다. 여기서 학습공동체의 필요성을 알 수 있다. 교사 학습공동체에서 각자 자신 있는 교과의 교육과정 운영 사례, 에듀테크 등을 활용한 수업 사례 등을 나눈다면 학습공동체 소속 교사들 각자의 특기가 반영된 교사 교육과정이 함께 공유되고 아이들에게 돌아갈 수 있다.

교사 교육과정 횡적 확장만이 아닌 종적 확장도 필요하다

지금까지 학교 현장의 교육과정 재구성 담론, 실제 실천 결과들을 분석해보면 '다양성'에 초점이 맞추어져 있었다. 교과서를 벗어난 다양한 교육내용들과 수업 방법들로 교육과정이 만들어져왔다.

〈횡적 다양성에 초점이 맞추어진 교육과정〉

"글을 읽고 주요 내용을 확인하다"의 성취기준을 예로 들면 글을 어떤 글로 재구성하여 수업 소재로 활용할 것인지, 내용 확인을 어떤 방법

으로 할 것인지의 수업 소재와 방법의 다양성 측면에서 교육과정 재구
성 담론이 형성되어왔다.

하지만 교사 교육과정 재구성은 다양성의 횡적 영역만이 아닌 한 가
지 중요한 영역이 있다. 어떻게 보면 아이들에게 꼭 필요한 교육과정이
되기 위해서는 다양성을 의미하는 횡적 영역이 아닌 다른 영역이 더 중
요한 요소일 수 있다.

이 다른 영역은 무엇일까?

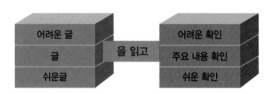

〈교육과정의 종적 영역〉

앞에서 제시했던 "글을 읽고 주요 내용을 확인하다"의 성취기준을 다
양성의 측면에서 교사가 성취기준의 자율권을 발휘하였다. 하지만 성취
기준의 자율권은 수준 및 난이도에서도 발휘될 수 있다. 아이들 수준에
맞는 글을 선택하여 교육과정을 만들 수 있으며, 내용 확인도 아이들의
인지 수준에 적합한 방식을 선택하여 교육과정을 만들 수 있다. 물론 선
행학습을 배제한 성취기준 간의 위계를 고려하여 해당 학년군 성취기
준 수준 내에서 교육과정의 깊이를 다양하게 조절할 수 있다. 이 영역을

교육과정의 종적 영역이라 부르고 싶다.

아이들과 수업을 하면서 교사들이 가장 고민인 것이 다양한 수준의 학생들을 대상으로 어떤 아이의 수준에 맞추어 수업 내용과 방법을 구성하는 것인가이다. 실제 교실은 천차만별 다양한 아이들이 함께 같은 공간, 시간에 공부를 하고 있다. 성취수준이 우수한 아이들은 그 아이들 수준에 맞는 지적 호기심과 자극을 유발할 수 있는 수업 내용과 방법이 있어야 하며, 성취수준이 낮은 아이들을 배려할 수 있는 수업 내용과 방법도 필요하다.

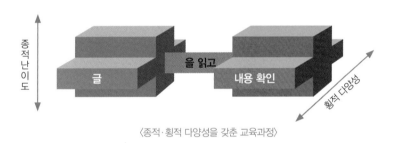

〈종적·횡적 다양성을 갖춘 교육과정〉

이러한 종적 다양성이 확보된 수업이 준비되고 실행되면 다양한 수준의 아이들이 함께 모여 있는 교실에서 각자에게 꼭 필요한 배움들이 채워지는 수업이 될 수 있다. 이러한 수업들이 모여 종적·횡적 영역이 넓은 교사 교육과정이 만들어지는 것이다.

역량 기반 교사 교육과정의 두 가지 접근법

현행 국가 수준 교육과정은 공식적으로 역량을 중점에 둔 교육과정이다. 이와 함께 시도교육청 교육과정 편성 운영 지침, 지역 수준 교육과정에서도 교육과정의 방향을 역량으로 잡고 있다. 일부 지역교육청은 역량기반 교육과정이라는 정책용어까지 사용하고 있다. 역량기반 교육과정과 역량중심 교육과정이 혼재되어 사용되고 있지만 두 용어 모두 역량을 중점에 둔 교육과정이라는 뜻이 있다. 국가와 지역 수준 교육과정과 일관성 측면에서 교사수준 교육과정 역시 역량을 중점에 두고 만들 것을 강조하고 있다. 실제 많은 교사가 만들고 있는 교사 교육과정의 앞(총론)부분에 역량을 중점에 둔다는 사항이 제시되어 있다. 그러나 교과별 운영계획(각론) 부분을 보면 역량을 키우기 위한 구체적 설계 방식이 드러나 있지 않은 경우가 대부분이다. 그럼 역량을 키우기 위한 교육과정은 어떻게 설계해야 할 것인가? 역량기반 교육과정이 만들어지기 위해서는 2가지 접근 방법이 있다.

첫째 방식은 현행 국가 수준 교육과정 설계 원리를 이해하고 충실히 따르는 것이다. 현행 교육과정은 성취기준 단위로 수업을 하면 교과 역량이 형성되고 이러한 교과 역량이 모여 핵심역량이 형성된다는 설계 원리를 가고 있다. 교과를 통해 습득한 핵심개념과 일반화된 지식이 삶의 맥락으로 전이되어 역량이 키워질 수 있다는 원리다.

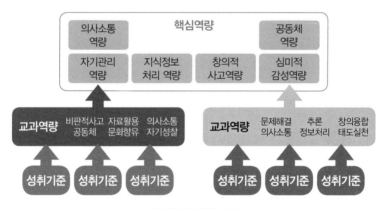

〈교과를 통한 역량 형성〉

그러나 역량 형성을 위한 현행 교육과정 설계 원리에 대한 비판의 관점도 있다. 교과 맥락 안에서 만들어진 핵심개념과 일반화된 지식이 삶의 맥락에서 나오는 역량을 키울 수 있다는 근거와 상관관계가 약하다는 비판이 있다. 충분히 나올 수 있는 비판적 관점이다. 하지만 교육과정 이전에 교육 사회학적·정치적 논리에서 교과라는 틀을 지금 당장 깰 수 있는 것은 아니다. 교과 성취기준 단위 교육과정에서 교사가 역량의 방향을 살릴 수 있는 수업(배움을 실제적 맥락에서 활용할 수 있는 경험, 교과 성취기준들이 통합적으로 연계된 생활 속 문제장면)과 평가를 한다면 역량 기반 교육과정에 다가갈 수 있다.

역량 기반 교육과정을 설계하는 두 번째 방법은 역량을 교육과정 설계 출발점으로 잡고 가는 방식이다. 개정 교육과정 총론의 핵심역량을 교육과정 설계 최상단에 두고 핵심역량과 연계된 교과 역량을 분석하고 이를 위한 성취기준들을 재구조화하여 설계하는 방식이다. 이 경우 역량을 기준으로 다양한 교과와 영역의 성취기준들이 모이게 된다.

핵심역량	공동체 역량		
관련 교과 역량	국어	과학	도덕
	공동체·대인관계 역량	과학적 참여와 평생 학습 능력	도덕적 공동체의식

통합 주제	생명 존중		
교과별 활동 주제	과학	국어	도덕
	생명윤리와 관련된 사회적 이슈	생명에 대한 의견	일상생활과 생활윤리
관련 성취기준	[9과24-01]	[9국01-04]	[9도04-02]
관련 기능	• 문제 인식 • 증거에 기초한 토론과 논증	• 경청·공감하기	• 다문화·공동체·세계시민윤리의식 형성 능력

교수 · 학습	• 생물의 생식과 발생 원리의 관계 이해 • 생명윤리와 관련된 사회적 이슈 파악하기	• 인간의 생명의 존엄성에 대한 의견 • 생명윤리와 갈등과 해결 방안에 대한 의견	• 생명윤리 문제에 대한 갈등에 대한 해결 방안 모색하기
평가	• 생명윤리와 관련된 여러 가지 이슈에 관한 주제별 조사 및 발표 평가	• 입장을 명료하게 표현하는 능력 평가 • 상대방 설득 능력 평가 • 토론 참여도와 태도	• 이슈에 대한 이해와 해결 방안 모색과 수용적 태도 관찰평가

(출처: 한혜정(2017), 한국교육과정평가원 연구보고, RRC 2017-2)

핵심역량을 출발점으로 한 교육과정 설계 방식은 역량과의 연계성은 확실해지나 역량을 기준으로 교과 교육과정을 모두 재구성해야 하기 때문에 실행에 어려움이 따를 수 있다. 또한 교과별 기초지식과 핵심개념 형성에 소홀해질 우려가 있을 수 있다.

따라서 현행 교육과정 체제 안에서 현실적으로 역량 기반 교사 교육과정을 접근할 수 있는 방식은 첫째 방식을 기본으로 둘째 방식을 가미하는 방식을 추천하고 싶다. 기본적으로 교과 단위 성취기준에서 지식이 다양한 맥락에서 활용되는 수업과 평가를 실시하여 지식의 전이가 일어날 수 있도록 교과 교육과정을 운영한다. 이에 덧붙여 다양한 교과와 연계된 실제적 맥락을 체험할 수 있는 주제를 선정하고 이 주제 안에 역량이 키워질 수 있는 재구성된 교육과정을 분기별 혹은 학기별 추가로 운영할 수 있다.

교사 교육과정이 만드는 고교학점제와 자유학년제

교사 교육과정에 대한 담론은 현재 초등을 중심으로 형성되고 있다. 하지만 교사 교육과정은 자유학년제와 고교학점제를 운영해야 하는 중학교와 고등학교 교사들에게도 꼭 필요하다.

교사 교육과정, 고교학점제의 디테일을 채우다

고교학점제는 2025학년부터 본격 시행되는 제도이다. 과거 고등학교는 학교에서 지정한 교과에 의한 수동적인 교육과정을 이수받았다. 그러나 고교학점제는 문과와 이과의 교육과정을 통합해 학생 개인 흥미와 적성에 따라 원하는 교과를 선택하여 수업을 듣게 된다. 학생이 자신의 희망 진로에 맞추어 희망하는 과목을 선택하여 이수하고 이를 통한 누적학점이 기준에 도달했을 때 졸업을 인정받는 제도이다. 학생들은 자신의 진로, 진학과 연계하여 2, 3학년에서 배울 교과를 스스로 선택하기 때문에 학생이 능동적으로 교육과정을 설계하는 선택중심 교육과정이기도 하다. 학생이 중심이 되는 수업방식을 추구하며, 학생 개인별 성취도를 중시한 절대평가 방식으로 운영된다.

고교학점제를 통하여 개인의 진로에 맞추어 선택한 교과 수업은 아이들의 실생활, 미래 직업에 긍정적 영향을 줄 수 있어야 한다. 긍정적 영향은 역량 형성을 의미한다. 단순히 선택 교과에 대한 지식만을 전달하는 교육과정을 운영하는 고교학점제는 의미가 없다.

교육부에서도 고교학점제가 필요한 이유를 학생 맞춤형 교육을 통한 학습 동기와 흥미 신장, 미래 사회에 필요한 역량 기르기, 학생 개개인의 다양성 지원에 두고 있다.

이를 위해서 반드시 필요한 것은 교사 교육과정이다. 선택 교육과정의 획일화된 지식 전달만으로 이루어지는 수업은 고교학점제의 필요성을 한 가지도 충족시킬 수 없다. 고교학점제 선택 교과를 맡은 교사는 교과 핵심개념을 바탕으로 교육과정 운영 자율권 범위 안에서 방대한 선택 교과 지식을 덜어내고 아이들에게 꼭 필요한 핵심 개념을 추려낼 수 있어야 한다. 이 핵심 개념을 바탕으로 아이들에게 역량을 키워줄 수 있는 다양한 학생 참여형 수업, 이와 연계된 평가 설계 능력을 갖출 수 있어야 한다.

고교학점제에 해당되는 고2, 고3의 아이들은 사회에 나가기 바로 직전 연령대의 아이들이다. 아이들에게 사회에 나가서 필요한 역량을 키워줄 수 있는 학교 교육의 마지막 기회이다. 그리고 아이들의 진로를 고려하여 선택한 교과는 학생의 미래 삶과 직접 연결된다. 교사 교육과정을 갖고 있어야 하는 이유는 이 두 가지만으로도 충분하다.

자유학년제의 필수 교사 교육과정

자유학년제는 중학교 1학년 과정 동안 학생들이 시험 부담에서 벗어나 꿈과 적성을 찾을 수 있도록 토론·실습 등 학생 참여형으로 수업을 개선하고, 진로탐색 활동 등 다양한 체험 활동이 가능하도록 교육과정을 유연하게 운영하는 제도이다. 해당 학년의 교과 및 창의적 체험활동을 자유학년제의 취지에 부합하도록 편성·운영한다. 교과 수업도 함께 이루어지지만 주로 오전 시간에 국어, 수학, 영어, 사회 등 교과 수업 위주로 진행되고 오후에는 주제선택 활동, 예술·체육 활동, 동아리 활동, 진로탐색 활동 등 자유학기 활동이 이루어진다. 평가도 이와 연계되어 일제식 지필평가는 실시하지 않으며, 학습과 성장을 지원하는 과정 중심의 평가를 실시한다. 수업은 오전 교과 수업을 바탕으로 협동 학습, 토의토론학습, 프로젝트 학습 등 학생 참여형 수업으로 진행된다.

이와 같은 자유학년제를 운영하기 위해서는 교과 편제와 시수를 새롭게 구성해야 하고 성취기준을 중심으로 교과와 자유학기제 활동을 편성해야 한다. 또한 아이들의 흥미와 관심사를 반영한 주제선택 활동을 위해서 교육과정 재구성이 이루어져야 한다. 이 과정들을 통하여 한 학교의 자유학년제가 운영되는 것이며 교사 교육과정이라는 결과물을 얻게 된다.

학교자치와 교사 교육과정

최근 학교 혁신 정책의 방향이 혁신학교에서 학교자치 쪽으로 무게 중심이 움직이고 있다. 학교자치는 학교 교육 주체들의 책무성을 기반으로, 자주적으로 학교 교육활동 전반을 계획·결정·운영하는 것을 의미한다. 이러한 학교자치와 교사 교육과정은 어떠한 연관성이 있을까?

교사 교육과정은 학교자치의 촉매제이자 결정체라 볼 수 있다.

학교자치는 위 정의에서 볼 수 있듯이 학교 교육활동 전반에 대한 자율적 운영이 핵심이다. 그럼 학교 교육활동은 무엇인가? 학교에서 이루어지는 다양한 교육활동 모두를 말하는 것이지만 가장 비중이 큰 것은 교육과정이다. 이러한 교육과정이 교과서에 의하여 국가가 주도하는 방식으로 천편일률적인 방식으로 운영될 경우 학교자치를 지원하는 다양한 법적 제도는 사문화된 법이 될 것이며, 예산 자율성은 교육의 본질이 아닌 돈을 쓰기 위한 예산 운영이 될 것이다. 학교자치를 위한 다양한 법적 제도, 권한 이양, 예산 편성 운영의 자율권은 학교·교사 교육과정 운영의 자율성을 위해서 존재해야 한다. 학교자치를 위한 행정·재정적 자율권의 범위를 적극적으로 활용했을 때 아이들과 교사의 교육철학이 반영된 교사 교육과정이 만들어질 수 있다. 이러한 교사 교육과정들이 모였을 때 학교자치가 구현되었다 할 수 있다.

학교자치는 교육공동체 모두의 책무성·공동체성·민주성을 강조한다. 학교·교사 교육과정에서도 이 원리가 그대로 적용된다. 학교관리자와 교육과정 담당부장에 의하여 일방적으로 만들어지고 운영되는 학교·교사 교육과정은 학교자치라는 자율성이 잘못된 방향으로 흘러갈 수 있기 때문이다. 학교 교육 공동체 구성원 모두의 책무성과 공동체성, 민주성에 의하여 만들어지는 학교·교사 교육과정은 결국 해당 학교만의 특색있고 창의적인 교육과정과 교육활동으로 연결될 수 있으며, 이를 보장할 수 있는 행정·재정적 자율성·자주성이 뒷받침될 때 학교자치는 실현될 수 있다.

학교자치는 학교를 넘어선 마을로의 교육생태계 확장이 필요하다. 학교 혼자의 힘만이 아닌 마을의 다양한 교육자원과 연계될 때 학교 교육의 가능성이 확장되고 학교자치가 실현될 수 있다. 이는 교사 교육과정의 영역이 교실과 학교 공간만이 아닌 마을로 확장됨을 의미한다. 즉 학교자치는 교사 교육과정이 마을 교육과정으로 한발 더 나아갈 수 있는 촉매제가 될 수 있다.

블렌디드 교사 교육과정
(원격수업 체제의 교육과정)

    기존의 교사가 만드는 교육과정은 학생들의 등교수업 상황만을 염두에 두고 만들어진 교육과정이었다. 그러나 코로나19로 인하여 원격수업이 이루어지고 있는 상황, 또는 코로나19가 종식되고 원격수업이 일상화되는 미래교육 환경에서는 블렌디드형 교사 교육과정 설계 방식이 필요하다. 블렌디드형 교사 교육과정을 위해서는 다음 세 가지 관점이 교육과정 설계에 반영되어 있어야 한다.

> 1. 원격–등교수업 특성을 반영한 교과별 시수 편제 설정
> 2. 원격–등교수업 상황을 반영한 교과 영역 및 단원의 순서 재배치
> 3. 교육과정 성취기준 유형에 따른 등교–원격수업 방식 설정

① 원격-등교수업 특성을 반영한 교과별 시수 편제 설정

2020학년도는 코로나19로 인하여 주 1회 등교, 격일·격주 등교 등 학교별로 다양한 방식으로 교육과정이 운영되었다. 이처럼 등교수업과 원격수업이 혼합되어 운영되는 학사 운영방식 과정에서 많은 학교의 교과별 시수 편제를 분석해본 결과 교과별 등교수업과 원격수업에 해당하는 시수 편제를 등교-원격 비율에 따라 일괄적으로 배분한 경우가 대부분이었다. 예를 들어 주 1회 등교수업이 이루어지는 학교의 경우 원격수업이 주 4회 이루어지는 일수와 등교수업 주 1회 이루어지는 4 : 1의 비율에 따라 다음 표와 같이 교과별 원격시수 대비 등교시수를 4 : 1로 천편일률적으로 배분하여 운영하였다.

	2학기 시수	원격 시수 (총 시수 중 4/5)	등교 시수 (총 시수 중1/5)
국어	83	65	18
수학	64	50	14
사회	44	32	12
과학	45	36	9
영어	30	24	6
음악	30	24	6
미술	30	24	6
체육	45	36	9
도덕	14	11	3
실과	30	24	6
창체	50	40	10

〈주 1회 등교 학교의 교과별 시수편제〉

그러나 위와 같은 교과별 시수 편제는 학생을 고려한 편제가 아닌 행정 편의적 시수 편제에 해당한다. 코로나19로 인한 원격수업은 미래교육에 다가갈 수 있는 긍정적 효과도 있었지만, 기초학습 부진학생 대량 생산이라는 부작용도 나타났다. 이 부작용은 맞벌이 가정이 많은 학교, 저소득층 가정 등 학생 실태에 따라 더 크게 나타났다. 흔히 기초학습 부진 그리고 교과학습 부진은 수학교과와 국어교과에서 나타나기 쉽다. 그리고 현재 원격수업보다는 등교수업이 학습효과가 더 큰 것이 현실이다. 이에 따라 기초학습 부진학생 발생 우려가 큰 실태의 학교는 창체(행사 및 7대 안전), 원격으로 대체 가능한 학습주제가 많은 교과의 원격 편제를 늘려 만들어진 등교수업의 공간으로 수학교과와 국어교과의 등교 시수 편제를 늘릴 수 있는 교과 편제 방식이 필요하다.

	2학기 시수	원격 시수		등교 시수	
		기존	조정	기존	조정
국어	83	65	−5	18	+5
수학	64	50	−7	14	+7
사회	44	32		12	
과학	45	36		9	
영어	30	24		6	
음악	30	24	+2	6	−2
미술	30	24	+2	6	−2
체육	45	36		9	
도덕	14	11	+1	3	−1
실과	30	24	+2	6	−2
창체	50	40	+5	10	−3

〈기초학습 부진학생 방지를 대비한 교과별 시수 편제〉

② 원격-등교수업 상황을 반영한 교과 영역 및 단원의 순서 재배치

교과별 영역 및 단원의 특징에 따라 원격수업으로 대체 가능하며, 오히려 원격수업 방식이 적합한 영역과 단원이 있다. 반대로 대면 수업이 꼭 필요한 교과 영역과 단원이 있다. 예를 들어 국어과의 경우 문법 영역의 경우 원격수업으로 대체할 수 있지만 말하기·듣기 영역의 경우 대면 수업이 꼭 필요한 영역이다. 체육교과의 경우도 건강과 안전에 해당하는 이론적인 성격이 강한 영역은 원격수업으로도 대체가 가능하지만 도전과 경쟁에 해당하는 영역의 경우 실제 대면 수업이 필요하다. 이와 같이 교과나 단원의 성격을 분석하여 적절한 시기로 순서를 재배치하면 효율적인 교육과정 운영이 될 수 있다.

2. 작품 감상	1. 대화와 공감	10. 연극	7. 기행문 쓰기
전면 원격기간 ←·······→			겨울철 ←·······→

〈원격-등교 상황을 고려한 단원 재배치〉

예를 들어 2020학년도 2학기 수도권 지역 학교의 경우 학기 시작을 전면 원격수업으로 진행하였다. 이때 교과 순서대로 한다면 말하기 듣기에 해당하는 대화와 공감을 원격수업으로 진행하여야 하지만 단원의 특성으로 고려하여 작품감상을 이 기간에 배치하고, 대면 수업이 필요한 대화와 공감 단원을 뒷부분으로 재배치할 수 있다. 또한 겨울철 감염병 심화로 인하여 원격수업 비율이 커질 것을 대비하여 대면 수업이 필요한 연극 단원을 미리 운영하는 교과 순서 배치가 필요하다.

③ 교육과정 성취기준 유형에 따른 등교-원격수업 방식 설정

교과 영역이나 단원과 같은 큰 단위가 아닌 성취기준을 중심으로 한 작은 단위에서도 원격-등교수업 방식을 고려한 교육과정 설계가 필요하다.

◎ 先 원격 – 後 등교형 설계방식

교육과정 성취기준의 지식 요소에 해당하는 개념 형성을 바탕으로 실제 실행 학습이 이루어지는 경우 다음과 같이 원격수업으로 대체 가능한 부분을 교육과정 진도표상 원격수업에 배치하고 대면 수업을 통한 실행 학습이 필요한 부분을 등교수업일에 배치한다.

예) 토론의 절차와 규칙을 지키고 근거를 제시하며 토론한다.

先-원격수업   後-등교수업

◎ 先 등교 – 後 원격형 설계방식

 과학과나 수학과의 경우 성취기준에 대한 이해를 위해서 실험 및 조작 활동이 사전 이루어져야 하는 경우가 있다. 이 경우 교육과정 진도표 상 대면 수업을 통한 실험 및 조작 활동이 이루어지는 부분을 등교수업에 배치할 수 있다.

 예) 습도를 측정하고 습도가 우리 생활에 영향을 주는 사례를 조사할 수 있다.

　　先-등교수업　　　　　　後-원격수업

5장

과정중심평가로
마무리하는
수업루틴

평가, 수업루틴으로 돌아오다

과거 결과중심평가, 일제식 평가 체제에서는 수업과 평가의 구분이
명확했었다. 수업은 다양한 지식을 학생들에게 잘 전달해주는 역할을
맡아왔으며, 평가는 일정 기간 학생들에게 전달된 지식이 개개인의 머
릿속에 잘 들어가 있는가를 종합하여 확인하는 역할을 맡아왔었다. 즉
수업과 평가의 역할이 서로 정해져 있었으며, 시점 또한 물리적으로 명
확히 구분되어 있었다.

〈수업과 평가의 분리된 운영〉

하지만 이러한 수업과 평가의 분리된 운영은 역량중심교육의 관점과는 맞지 않는다. 역량은 '앎'을 활용하여 무엇인가 '할 수 있음'을 의미한다. 이 '할 수 있음'을 확인하는 것이 역량중심교육에서의 평가이다.

앎을 바탕으로 학생들이 무엇인가 할 수 있음을 드러내는 방법은 글, 말, 행동의 3가지 행위를 통해서이다. 글, 말, 행동으로 무엇인가 할 수 있음을 드러내는 행위는 결국 수업의 한 부분이다.

최근 교육부의 정책으로 강조되고 있는 과정중심평가 또한 평가가 수업 일부분이 되어야 함을 강조한다. 과정중심평가는 "교수·학습 과정에서 학생의 변화와 성장에 대한 자료를 다각적으로 수집하여 적절한 피드백을 제공하는 평가"이다. 학생의 변화와 성장에 대한 자료는 결국 수업 중 이루어지는 평가 장면을 의미한다. 정의 자체가 교수·학습 과정 이루어지는 것으로 명시되어 있다. 또한 적절한 피드백은 수업 종료 후에 확인적 피드백으로 이루어질 수도 있지만, 수업 중 정교화된 피드백으로 이루어지는 것이 성장과 발달에 보다 긍정적인 영향을 미친다.

이와 같은 평가 패러다임 변화의 관점에 의하여 교사는 내 수업의 어느 시점에 어떤 방식으로 평가를 넣어야 할지에 대한 고민을 해야 한다. 그리고 본인만의 평가를 수업의 일부분으로 넣을 수 있는 노하우가 만들어지면 평가를 품을 수 있는 수업루틴이 만들어지는 것이다.

역량중심수업, 과정중심평가가 필요한 이유

역량교육 패러다임 안에서 이루어지는 교육과정과 수업의 마지막 열쇠는 평가이다. 역량교육뿐만이 아닌 대한민국 현장교육을 뒤덮고 있는 혁신교육의 마지막 열쇠도 평가이다. 평가가 왜 마지막 열쇠일까?

단순히 교육과정-수업-평가 순서 끝에 제시되어서 마지막 열쇠가 아니다. 역량교육이 문서상의 종이 교육이 되는지, 실제 현장에 실행되어 아이들의 역량을 키우는 교육과정과 수업이 되느냐는 평가가 어떻게 실행되느냐에 따라 달려있다.

혁신교육, 혁신학교 또한 마지막 열쇠는 평가이다. 민주적 자치 공동체, 윤리적 생활 공동체, 전문적 학습공동체 등 학교문화에 대한 것들이 혁신학교에서 강조되고 있지만, 혁신학교의 최종목표는 '창의적 교육과정' 운영을 통한 학생들의 참된 학력 신장이다. 아무리 민주적인 학교문화가 잘 갖추어져 있다 할지라도 교육과정이 교과서 교육과정으로 운영되는 학교는 주객, 본말이 전도된 혁신학교이다. 민주적 문화와 교사·학생의 행복만을 강조하는 혁신학교는 비생산적이고 소모적인 회의, 책임은 없는 자율만을 강조하는 학교문화, 단순 재미만 추구하고 참된 학력이라는 알맹이는 없는 교육과정을 운영하는 학교가 되어버릴 우려가 있다. 민주적 학교문화는 학교 교육공동체 모두가 주인의식을 갖고 동등한 발언권을 행사하여 학교의 비전을 함께 세우고 비전 달성을 위한 함께 만드는 교육과정을 위해서 존재하는 것이다.

참된 학력을 기를 수 있는 창의적 교육과정은 학교, 학년, 학급 교육과정 문서나 수업만으로 완성될 수 없다. 역량과 같은 맥락의 참된 학력을 키우고 확인할 수 있는 평가가 뒷받침되어야 한다. 지식, 학문 중심의 평가가 이루어지는 학교는 용두사미 혁신학교이며, 혁신에 대한 말은 광고로서 사용하는 꼴이 된다.

과거 지식·학문중심교육 시절에 평가는 평가 자체로서 역할을 다하면 되었다. 지식·학문 중심으로 수업하고 지식·학문 중심의 교육과정을 종합하여 결과 중심으로 지식·학문에 대한 평가를 하면 되었다.

그러나 역량을 중시하는 지금의 교육과정 체제에서 선언적 의미로 역량을 앞세우고, 수업의 방향도 역량 중심을 강조하여도, 평가가 이전과 같이 지식 기억과 단순 적용, 이해 수준의 평가로 이루어진다면 이를 위해서 수업도 다시 지식·학문 중심으로 돌아갈 수밖에 없다. 평가가 계속 그 자리에 머문다면 문서상 교육과정과 실행된 교육과정의 간격은 멀어지게 된다.

평가가 마지막 열쇠인 이유는 '속도'에서도 찾을 수 있다. 과거 지식·학문중심 교육과정에서 교육과정과 수업, 평가, 입시는 모두 지식·학문중심으로 똘똘 뭉쳐 있었다.

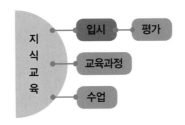

〈지식중심으로 뭉친 교육과정, 수업, 평가, 입시〉

그런데 역량교육이 대두되면서 교육과정과 수업, 평가, 입시가 역량 쪽으로 움직이기 시작한다. 당연히 4가지가 모두 같은 속도로 움직일 수 없다. 4가지 중 어느 것이 가장 빠르고 느릴까?

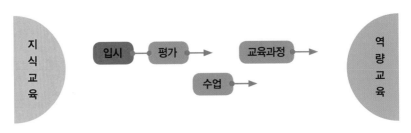

〈역량교육의 등장으로 교육과정, 수업, 평가, 입시의 이동〉

문서상의 계획된 교육과정이 가장 먼저 움직였다. 국가 수준 교육과정뿐만 아니라 시도교육청 교육과정 문서, 대부분 학교교육과정에 역량이라는 단어가 제시되었다. 그리고 교육과정에 의해 실제 역량을 키우는 수업을 현장에서 하나둘씩 실천해가고 있다. 그런데 문제는 평가이다. 평가는 교육과정과 수업처럼 쉽게 따라가지 못했다. 그래서 등장한 것이 과정중심평가이다.

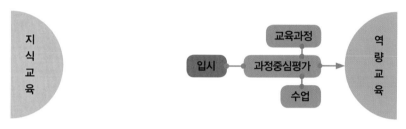

〈 역량교육에 중점을 둔 과정중심평가 〉

　과정중심평가는 위 그림과 같은 임무(평가를 통해서 교육과정-수업-평가-기록을 일체화하며, 결과뿐만 아닌 과정도 함께 평가하고 피드백하여 학생의 역량을 키울 수 있는 역할)를 갖고 교육부의 정책으로 만들어졌다.
　과정중심평가가 역량교육과 밀접한 이유는 교육과정 문서에서도 쉽게 확인할 수 있다.

〈2015 개정 교육과정 총론 문서 中 교육과정 구성의 중점〉

2015개정 교육과정은 우리나라 교육과정이 추구해 온 교육 이념과 인간상을 바탕으로, 미래 사회가 요구하는 **핵심역량**을 함양하여 바른 인성을 갖춘 창의 융합형 인재를 양성하는 데에 중점을 둔다. 이를 위한 교육과정 구성의 중점은 다음과 같다.

라. 학습의 과정을 중시하는 평가를 강화한다.

역량 함양을 위한 교육과정 구성 중점 중 "학습의 과정을 중시하는 평가를 강화한다."는 문구가 있다. 역량을 키우는데 왜 학습의 과정을 중시하는 평가를 해야 할까? 과거의 평가는 그림과 같이 학생들이 소통하고 문제를 해결하는 좋은 학습과정이 있어도 수업은 수업일 뿐이다. 평가는 그림과 같이 모든 수업이 끝난 후 배운 것들을 종합한 암기력에 의존한 평가가 이루어졌다.

〈과거 평가가 이루어지는 방식〉

그러나 과정중심평가에 의한 평가 방식은 과거 평가가 이루어지는 방식과는 다른 그림이 그려진다.

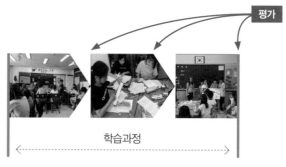

〈과정을 중시하는 평가방식〉

수업 중 학생들의 의미 있는 발달 과정에서 평가가 함께 이루어지는 이름 그대로 과정을 중시하는 평가 방식으로 바뀐다. 위와 같이 결과뿐만 아닌 과정도 함께 평가를 한다. 과정을 평가해야 하는 이유는 2가지이다.

첫째, 역량을 위해 필요한 문제해결능력과 협업능력, 의사소통능력은 학습의 결과 지점이 아닌 과정에서 드러나는 학습요소이다. 그림에서 수업의 2번째 과정에서 지식을 바탕으로 아이들이 서로의 생각을 나누는 과정, 3번째 과정에서 협력을 통해 실제 문제를 해결하는 역량과 관련된 학습 장면들은 결과 지점이 아닌 결과를 만들어가는 과정에서 표출되는 학습요소이다.

둘째, 역량의 성격과 관련이 있다. 역량은 지식과 기능, 가치·태도가 종합적으로 갖추어졌을 때 만들어진다. 그림과 같이 수업의 첫 번째 과정에서 지식의 형성 여부에 대한 평가 없이 바로 활동 중심수업으로 들어갈 경우 활동중심수업은 역량을 위한 의미 있는 활동이 아닌 단순 놀이이자 몸만 바쁜 수업이 되어버리는 것이다.

따라서 과정을 평가하는 이유는 역량을 이루는 구성요소들이 과정마다 잘 갖추어지고 있는지 확인하고, 부족한 아이들을 발견하고 피드백을 주어 마지막 지점인 역량이라는 목표에 무사히 도달할 수 있도록 "확인하고 도와주고 채워주는 데 있다."

과정중심평가로 인하여 실제 현장의 평가가 많이 개선되고 있다. 아직 갈 길은 멀었지만 현장 교사들의 평가에 대한 인식 변화라는 결과를 갖고 온 것은 분명하다. 그러나 아직 해결하지 못한 한 가지가 있다.

이유는 다시 그림에서 확인할 수 있다. 평가는 입시와 연장선에 있다. 역량을 평가하고 이를 입시에 반영하기 위해서는 공정성의 문제가 해결되어야 한다. 수학능력시험에서는 평가해내지 못하는 학생들의 역량을 평가하기 위해서는 공정성 측면에서 갖추어져야 할 제반 사항이 수없이 많다. 그것도 대학이 서열화된 우리나라 교육 풍토상 수십만 학생의 경쟁체제에서 역량으로 평가해내는 것은 교육 문제뿐만 아닌 사회적으로 합의되어야 할 것들이 너무나 많다. 대한민국을 시끄럽게 했던 2018년 대입제도개선 문제, 2019년 조국 자녀 입시 관련 문제의 이면도 결국은 앞의 그림으로 말미암아 생긴 문제들이다.

위와 같은 문제점이 있지만, 역량교육이 말뿐인 구호가 되지 않고 실제 수업으로 연결되고 학생의 역량을 키워주는 교육이 되기 위해서는 평가의 변화는 필수불가결한 요소이다.

과정중심평가 열쇠, 時와 視

평가를 담은 수업루틴을 만들기 위해서는 과정중심평가를 이해하고 수업에 활용할 수 있어야 한다. 이 장을 통해서 과정중심평가를 짧지만 포인트를 짚어 간결하게 설명해보겠다.

전국 시도교육청과 교육연수원에서 과정중심평가를 주제로 많은 선생님을 만나봤다. 만나본 선생님들은 교장, 교감 선생님, 교육전문직, 수석교사, 교육과정 담당 부장, 4~5년 차의 1정 자격 교사, 신규교사까지 다양한 경력의 분들과 초·중·고, 유치원, 특수교사까지 모든 학교급에 근무하시는 분들이었다.

다양한 분들을 만나본 결과 과정중심평가가 정책적으로 적극 추진되면서 필요성을 공감하고 대부분 학교에서 과정중심평가를 운영하고 있었다. 하지만 과정중심평가를 내실 있게 운영하는 학교와 선생님은 만나기 어려웠다. 그 이유는 과정중심평가에 대한 명확한 이해가 뒷받침되지 않은 상태에서 행정적 압력에 의한 기계적 평가 운영에서 찾을 수 있다.

　과정중심평가는 이제 대부분 선생님이 알고 있다. 문제는 평면적으로만 알고 있다는 것이다. 왜 평면적으로만 알고 있을까? 과정중심평가는 정책이다. 학생의 성장과 발달을 지원하는 평가 철학을 갖고 있으며 역량을 추구하는 개정 교육과정과 연계를 추구하는 평가이다. 그리고 이를 정책으로 뒷받침하기 위해 만들어진 평가 이론이 아닌 정책이다. 이에 따른 정의는 다음과 같다.

> **과정중심평가**
> 교육과정의 성취기준을 기반으로 수업과 평가를 연계한 평가계획에 따라, 교수·학습 과정에서 보이는 학생의 특성과 변화에 대한 자료를 다각도로 수집하여, 학생의 성장과 발달을 지원하기 위한 적절한 피드백을 제공하는 평가

　위 정의를 분석해보면 과정중심평가는 성취기준 기반 평가, 수업 중 이루어지는 평가, 다양한 평가방법 활동, 피드백을 통한 발달 중심 평가라는 특징을 도출해낼 수 있다.

과정중심평가 정의		정의에 기반한 특징
교육과정의 성취기준을 기반으로	→	성취기준 기반 평가
수업과 평가를 연계한 평가계획에 따라,	→	수업 중 이루어지는 평가
교수·학습 과정에서 보이는 학생의 특성과 변화에 대한 자료를 다각도로 수집하여,	→	다양한 평가방법 활용
학생의 성장과 발달을 지원하기 위한 적절한 피드백을 제공하는 평가	→	피드백을 통한 성장과 발달 중심 평가

〈과정중심평가 정의 분석〉

하지만 이 4가지 특징은 기존 평가에서도 이루어져 왔던 것들이다. 서논술형 평가와 수행평가, 피드백, 성취기준 기반 평가는 과거에도 중요했다. 이에 따라 과거에 했던 평가 방식 중 수행평가와 서논술형 평가 횟수를 더 강화하는 방식의 피상적이고 평면적 이해에 머무른 상태에서 과정중심평가를 실천하고 있다.

과정중심평가는 평가와 연관된 것(평가 방식, 평가 시기, 피드백을 통한 발달적 평가관)을 하나로 꿰뚫어 입체적으로 볼 수 있는 눈을 갖춰야 한다. 과정중심평가를 입체적으로 이해하면 본질을 꿰뚫어 역량과 발달적 평가관과 맥을 같이 할 수 있다. 이를 위해서는 평가에 時와 視를 입힐 수 있어야 한다.

① 과정중심평가, 시야(視野)를 넓혀라

과정중심평가는 학생의 역량을 평가하고 키울 수 있는데 활용되어야한다. 이를 위해서는 역량의 자원(지식과 기능 가치·태도)을 볼 수 있어야한다. 지식은 과거 주로 사용해왔던 객관식과 주관식 평가도구로 평가를할 수 있지만, 기능과 가치·태도는 이를 확인할 수 있는 다른 평가도구가 필요하다. 과정중심평가에서 서논술형 평가와 수행평가가 강조되는이유도 지식만이 아닌 역량을 구성하는 다양한 부분을 보기 위해서이다.

그러나 서논술형과 수행평가 비율 맞추기에 쫓겨 형식에만 치우친 평가가 이루어지고 있는 것이 현실이다. 현장의 서논술형 평가를 분석해보면 기억력과 단순이해 수준에 머물러 있는 문제들이 대다수이다. 수행평가는 역량은커녕 교육과정 성취기준에서 요구하고 있는 기능과 가치·태도들도 평가할 수 없는 타당도가 떨어지는 문제들이 수두룩하다. 이런 평가를 통한 평가 결과와 기록이 아이들의 역량을 진단해낼 수 있을까?

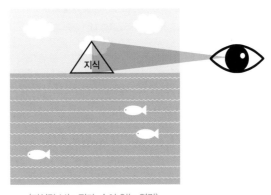

〈지식만 보는 평가, 숨어 있는 역량〉

또한 모든 평가를 논술형과 프로젝트식 수행평가만으로 실시하는 학교들도 볼 수 있다. 이것 또한 문제이다. 앞 장에서 논의한 바와 같이 역량은 지식이 밑바탕이 되어 나오는 것이다. 그런데 활동만을 보는 평가는 지식과 기초학습 내용을 확인하지 못하고 넘어갈 위험성이 있다. 이것도 역량을 구성하는 총체적 면의 한 부분만을 보는 잘못된 평가이다. 과정중심평가는 형식이 중요한 것이 아니다. 볼 수 있는 것을 놓치지 않고 볼 수 있는 평가 시야(視野) 확보가 되어 있어야 한다.

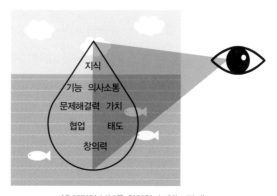

〈총체적인 부분을 확인할 수 있는 평가〉

② 과정중심평가, 시(時)가 만드는 평가의 미학

아래 평가도구는 글쓰기와 관련된 성취기준을 바탕으로 실제 쓰기 기능을 논술형 형식으로 평가한 사례이다.

제목: 한글을 바르게 쓰자

1문단(문제 상황)
순우리 말이 아닌 비속어, 줄임말, 유행어로 한글의 우수성은 점검 잊혀지게 있고 있게
자료 되지 못하고 있다.
2문단(나의 개인 의견과 근거)
비속어, 줄임말을 쓰지 않는다.
3문단(요약, 정리)
앞으로 한글의 소중함을 잊지 않고 바른 한글을 쓰자.

제목: 한글을 바르게 사용하자!

우리들이 평소에 쓰는 순우리말이 아닌 비속어, 줄임 말, 외래어, 신조어
등으로 한글의 소중함을 점검 잊혀지고 있습니다.
반대로 비속어, 줄임말, 외래어 신조어는 사람들이
당연하다는 듯이 일하고 쓰고 있습니다.
우리가 쓰는 잘못된 한글은 'OZ'에뷰게바, 갑바, '생얼', '낄끼'
등어 있습니다. 위의 말들을 사용하면 한글은 점차 잊혀질
수 있습니다. 외래어는 완전히 안쓰기 어렵지만 한글과 섞어서 말하면 안되
겠습니다. 우리가 쓰는 한글은 참 소중하고 대단한 문자 입니다.
이런 한글의 소중함을 잊지 않고 바르게 쓰려고 항상
노력해야 되겠습니다.

〈출처: 2018 경기도교육청 성장중심평가도구 적용사례〉

하지만 이 평가는 과정중심평가에서 중요한 한 가지가 빠져 있다.

글쓰기 성취기준을 글쓰기로 평가하고 있기 때문에 평가방법은 문제가 없다. 이 평가 장면의 문제점은 결과 지점에서 글을 쓰기 위한 개요와 글쓰기를 동시에 평가하고 있는 것이다.

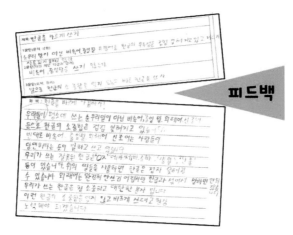

〈과정을 보는 평가와 피드백〉

이는 과정중심평가가 아니라 결과중심평가이다. 발달적 평가관에 의하여 성장과 발달을 지원하는 평가가 되기 위해서는 개요 평가와 글쓰기 평가 사이에 時가 비집고 들어갈 틈이 있어야 한다.

時-공간이 있어야 과정에서 마주치는 고비를 넘지 못하는 아이들을 찾아내고, 넘기 위해 손을 잡아주는 피드백을 할 수 있다. 이 피드백이 결과에 긍정적 영향을 주어 성장과 발달을 지원하는 평가가 될 수 있다.

수업루틴으로 활용하는
서논술형 평가 만드는 법

과정중심평가는 수업과 연계한 평가를 강조한다. 하지만 현장의 서논술형 평가를 분석하면 수업과 분리되어 운영되는 경우가 많다. 형식만 서논술형이고 수업의 맥락과 별개의 내용으로 딱딱한 시험지 형태로 제작되어 결과 중심으로 이루어지고 있다.

학습의 과정을 볼 수 있고, 이를 통하여 피드백을 주고 성장과 발달을 지원하는 서논술형 평가를 다음과 같이 제작할 수 있다. 아래의 서논술형 평가로 수업과 평가가 하나로 연결되어 일상 수업루틴으로 활용하고 아이들의 역량을 키워줄 수 있다.

① 서논술형 평가를 수업의 자기 생각 만들기에 활용하기

〈수업의 배움표현 단계에 서논술형 평가 활용〉

배움 내용에 대한 자기생각 만들기가 이루어질 때 실제 맥락의 문제 상황에서 배움을 끌어올 수 있는 힘이 생긴다. 역량을 키우는 수업에서 서논술형 평가가 자기생각 만들기를 위한 좋은 수업 방법이 될 수 있다. 인권에 대한 주제로 서논술형 평가를 수업에 활용한 사례를 살펴보도 록 하겠다.

성취기준	생활 속에서 인권 보장이 필요한 사례를 탐구하여 인권의 중요성을 인식하고, 인권 보호를 실천하는 태도를 기른다.
관련 단원	5-1. 2단원. 인권을 존중하는 삶
평가 요소	인권의 중요성을 알리는 글쓰기

◇ 수업 계획

수업흐름	수업-평가-피드백 활동
배움탐구	· 인권의 의미 알기 　– 세계 인권 선언 살펴보기 　– 유엔 아동 권리 협약 살펴보기 · 인권 침해 사례 살펴보기 　– 우리 주변에서 인권이 침해된 사례를 찾아보기 　– 인권 존중의 중요성 파악하기
배움표현	· 인권 존중의 중요성 알리는 글쓰기 **논술형 평가** · 피드백 계획 　– 인권 존중을 위해 노력했던 인물들의 활동을 추가로 살펴보기 　– 친구들의 글과 생각을 듣고 인권 중요성의 의미 다시 생각해보기
배움활용	· 인권 존중 광고 자료 만들고 발표하기 　– 모둠별 인권 존중 광고 자료 제작 　– 인권 존중 광고 자료 월드 카페로 소개하기

◇ 논술형 평가

※ 다음 기사를 보고 물음에 답하시오.

우리나라 아동·청소년 인권실태는?

한국청소년정책연구원은 24일 '2018 아동·청소년 권리에 관한 국제협약 이행연구: 아동·청소년 인권실태조사'를 발표했다.

청소년 차별 경험률은 성별, 학업성적, 연령, 가정형편, 지역, 외모 및 신체적 조건 등을 이유로 최근 1년간 차별한 경험과 차별받은 경험은 연령(31.4%), 성별(28.8%), 학업성적(28.5%), 외모, 신체조건(24.1%)등의 순으로 나타났다.

반면 차별한 경험은 외모, 신체조건, 학업성적, 성별, 연령 등의 순으로 나타나, 청소년들은 많은 경우 차별을 하기보다는 차별받는 경험이 많다고 인식하는 것을 알 수 있었다.

－ EN에듀인뉴스(2019년 7월 24일 자) －

◎ 위 글을 바탕으로 인권 보호의 중요성을 알리는 글을 쓰시오.

조 건
• 우리 주변에서 경험할 수 있는 인권 침해 사례를 1가지 제시할 것 • 인권 보호 실천 방법을 2가지 쓸 것

※ 평가 기준

매우 잘함	인권 침해 사례를 바탕으로 인권 존중의 중요성을 이해하고 인권 존중 실천 방법을 2가지 쓴 경우
잘함	인권 침해 사례를 바탕으로 인권 존중의 중요성을 이해하고 인권 존중 실천 방법을 1가지 쓴 경우
보통	인권 침해 사례를 바탕으로 인권 존중의 중요성을 이해하는 경우
노력 요함	교사와 친구들의 안내에 의하여 인권 존중의 중요성을 이해하는 경우

〈2019 경기도교육청 논술형 평가 예시자료 재구성〉

② 수업의 배움 활용 단계에 서논술형 평가하기

〈수업의 배움활용 단계에 서논술형 평가 활용〉

배움탐구와 배움표현 활동을 통해서 만들어진 배움을 실제 생활 속에 적용할 때 다음과 같이 서논술형 평가를 활용할 수 있다.

관련 성취기준	[6수04-02] 두 양의 크기를 비교하는 상황을 통해 비의 개념을 이해하고, 그 관계를 비로 나타낼 수 있다.
관련 단원	[수학] 6-1-4 비와 비율
평가요소	비의 개념 이해와 표현

◇ 수업 계획

수업 흐름	수업-평가-피드백 활동
배움탐구	· 두 양의 크기 비교하기 · 두 양을 쉽게 비교할 수 있는 방법 생각하기
배움표현	· 두 양을 다양하게 표현하기 · 두 양을 표현하는 방법 브레인스토밍 활동하기
배움활용	· 황금비와 황금사각형 알아보기 – 선분을 두 부분으로 나누고 가장 안정적인 비율 찾기 · 황금비를 활용하여 캐릭터 만들기**논술형 평가**

※ 다음을 보고 물음에 답하시오.

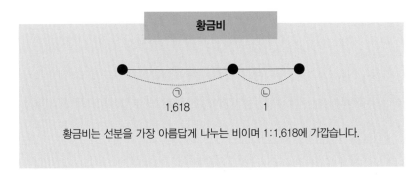

황금비

1,618   1

황금비는 선분을 가장 아름답게 나누는 비이며 1:1.618에 가깝습니다.

1. 황금비에 해당하는 선분의 두 부분을 비율로 표현하시오.

    예) 선분을 ㉠과 ㉡ 두 부분으로 나눌 때 1.618:1로 나누면 황금비가 됩니다.

2. 황금비와 가장 가까운 자연수 비는 5 : 8입니다. 이 비율을 활용하여 자신의 캐릭터를 그려보고 비를 표시하시오.

황금비가 적용된 나의 캐릭터 그리기

나의 캐릭터는 (   ) 비율이(   )입니다.

※ 평가 기준

매우 잘함	두 양을 비율로 나타낼 수 있으며, 주어진 비의 개념을 생활 속에 활용하고 표현할 수 있는 경우
잘함	두 양을 비율로 나타낼 수 있으며, 생활 속에 비율을 활용할 수 있는 경우
보통	두 양을 비율로 나타낼 수 있는 경우
노력 요함	비의 개념을 이해하고 표현하는 데 어려움을 겪는 경우

학생들이 기억한 사실을 열거하거나 단순 적용한 것을 나열하여 작성하는 평가 방식은 학생의 생각을 키우는 서논술형 평가와 거리가 멀다. 위 문제와 같이 비율에 대한 생각을 정리하고 이를 생활 속에 활용할 수 있는 서논술형 평가를 활용하면 평가가 역량을 키우는 수업의 일부로서 역할을 할 수 있으며, 이러한 서논술형 평가 도구들이 교사의 수업루틴 자원이 될 수 있다.

수업루틴으로 활용하는
수행평가 만드는 법

  수행평가(遂行評價, performance assessment)는 명칭 그대로 '행동'을 보
는 평가이다. 행동은 신체적 행동을 나타내는 좁은 의미를 넘어 말이나
글, 시작자료 등 교수학습 과정에서 성취수준 도달도를 보여줄 수 있는
광범위한 행위를 포함한다. 따라서 수행평가는 종전 지필형평가에서는
확인할 수 없었던 인간의 총체적 능력을 광범위하게 평가할 수 있어야
한다.

  우리나라에 수행평가가 도입된 것은 1999년부터이다. 이로 인하여
교사들뿐만 아니라 학부모들까지 수행평가를 최신의 평가 방식으로 생
각하는 경우가 많다. 하지만 평가의 역사를 거슬러 올라가 보면 수행평
가는 최근의 평가 방식이 아닌 오래된 평가 방식이었다.

  역사적으로 가장 오래된 평가는 스승과 제자의 대화를 통한 평가 방식이었다. 소크라테스의 대화법이 이에 해당한다고 볼 수 있으며 현재 수행평가의 구술법과 유사한 평가이다. 그리고 시간이 흘러 역사적으로 중요한 발명품인 종이가 개발되었다. 종이를 활용하여 과거제라는 평가 제도가 생겼다. 과거제의 평가 문제를 검색해보면 논술형 평가와 매우 유사한 성격을 갖고 있다. 과거제의 문과는 논술형 평가 형식의 시험이었고, 무과는 수행평가의 실기형 평가와 비슷한 방식이었다. 이와 같이 지금의 수행평가 방식들은 최신의 평가가 아닌 과거부터 이어져 온 것들이다. 인간의 능력을 종합적·심층적으로 평가하기 위한 최선의 방법을 찾으며 만들어 낸 평가들이었다.

그런데 현대식 학교 교육이 생기면서 교육을 받는 학생들이 기하급수적으로 늘어났다. 하지만 평가를 통해 선발해야 하는 자리는 한정되어 있다. 수많은 학생을 과거와 같은 평가 방식으로 평가해서 줄을 세우고 평가하는 것이 물리적으로 불가능해졌다. 그래서 1930년대, 수십만 학생을 빠른 시간에 칼로 자르듯이 평가해낼 수 있는 선다형 평가가 생겨났다. 하지만 부작용이 생겨났다. 평가가 평가로서의 역할을 못 하게 된 것이다. 선다형 평가는 인간의 총체적 능력을 평가해내는 데 한계가 있기 때문이다. 이러한 한계를 공감하고 있었지만, 지식·학문 중심이 강조되는 교육의 틀 안에서는 큰 문제가 없었다.

하지만 이제 역량교육이 대두되고 있다. 역량은 인간의 총체적 능력으로 만들어지는 것이기 때문에 이를 키우고 확인할 수 있는 교육적 수단이 필요해졌다. 수행평가가 재조명을 받게 된 이유가 이 때문이다.

수행평가가 다시 강조되고 있지만, 부작용들이 생겨나고 있다. 수행평가가 처음 들어온 20여 년 전에는 예술 교과와 체육 교과 중심으로 이루어져 왔던 것이 실태였다. 그러나 최근의 수행평가는 국어, 수학, 사회, 과학교과에서도 수행평가를 강조하고 있다. 이로 인하여 수행평가의 행정적 비율이 확대되었다.

문제는 '행정'에서 생겨났다. 수행평가도 엄연한 평가이기 때문에 수행평가 도구를 문서로 제작하여 기록으로 남겨야 했다. 평가도구이기 때문에 기록으로 남기는 것은 맞다. 하지만 수행평가의 특성을 제대로 이해하지 못하고 과거 평가지와 같이 세밀한 평가도구 기록을 요구하는 행정이 이루어지면서 수행평가를 결과 중심의 종이 평가로 실시하는 부작용 사례가 생겨났다.

수행평가 장학자료가 이를 부채질하는 경우도 있다. 수업에 바로 활용할 수 있는 양질의 수행평가 장학자료도 있지만, 책자 형식의 종이로 제작되는 특성상 형식(반응지시어 진술 방법, 조건 제시방법 등)에만 집중하여 또 다른 지필형 시험지 평가를 수행평가 장학자료로 제시하는 사례도 쉽게 찾아볼 수 있다. 필자도 장학자료를 십 년 넘게 만들어왔기 때문에 이해는 된다. 해당 기관의 얼굴이기 때문에 단어, 어휘, 형식, 틀 세세한 것 모두에 신경을 써서 한눈에 봐도 흠잡을 데 없는 평가 예시자료가 만들어진다. 이런 완벽한 평가자료가 현장에 수행평가의 벽을 너무 높게 만들어버리는 우를 범할 수 있다.

수행평가는 말 그대로 총체적 행동을 판단하는 행위이다. 행동이기 때문에 기본적으로 종이와 맞지 않는다. 그래서 최근 수행평가를 교실 평가라 부르기도 한다. 교실에서 쉽게 아이들의 행동을 판단할 수 있는 교수·학습 활동은 넓은 의미에서 수행평가라 볼 수 있다.

아이들의 행동을 판단할 수 있는 교수·학습 활동을 종이로 치밀하게 만들어 수업하는 것은 웃음이 나올 일이다. 현장의 교사들이 수행평가를 쉽게 할 수 있도록 형식과 종이에서 벗어날 수 있도록 해야 한다. 성취기준과 평가기준만 보고도 즉석에서 바로 수행평가를 할 수 있다.

[4국03-03] 성취기준을 아래와 같이 쉽게 수행평가 할 수 있다.

교육과정 성취기준		평가기준
[4국03-03] 관심 있는 주제에 대해 자신의 의견이 드러나게 글을 쓴다.	상	관심 있는 대상이나 사실에 대해 주장을 명확하게 제시하고, 타당한 근거가 다양하게 드러나도록 글을 쓸 수 있다.
	중	관심 있는 대상이나 사실에 대해 주장을 제시하고, 타당한 근거가 드러나도록 글을 쓸 수 있다.
	하	관심 있는 대상이나 사실에 대해 주장을 제시하고, 부분적으로 타당한 근거가 드러나도록 글을 쓸 수 있다.

○ 수업 중 [4국03-03] 성취기준 수행평가 장면

교실 장면: 교사와 학생이 함께 교실 TV를 통하여 스마트폰에 대한 뉴스 영상을 시청한다. 영상이 끝난 후 교사와 학생은 다음과 같이 대화를 주고받는다.
교사: 뉴스에서 스마트폰 사용이 여러분들에게 좋지 않다고 하네요. 이제 우리 반은 하루 스마트폰 30분만 사용하기 운동을 할 거예요. 이에 대한 여러분의 생각을 나눠주는 종이에 글로 써보세요.
학생들: 몇 줄 써요?

교사: 분량은 그 종이 안에 여러분들이 쓸 수 있는 만큼 쓰면 돼요.
대신 조건이 있어요(위 평가기준표를 TV 화면에 띄워 놓는다).
글에 여러분들의 주장이 명확히 드러나 있어야 해요.
그리고 주장을 뒷받침할 수 있는 타당한 근거도 함께 써주세요.
여러분이 쓴 글을 이 기준에 의해서 채점할 거예요.
학생: 교사가 나눠준 종이에 글을 쓴다.

과거의 평가 장면은 교사는 평가지를 나눠주고 아이들은 조용히 평가지를 해결한다. 간혹 학생이 평가 장면에 관해 물어보면, 교사는 "시험 시간에 누가 물어봅니까. 평가지 보고 해결하는 거예요" 하고 매우 경직된 분위기가 조성된다. 하지만 위 평가 장면은 평가의 경직성이 없다.

교사와 학생의 대화로 평가 과제가 주어졌다. 그리고 평가에 대한 세부 사항(조건)은 자연스럽게 대화로 해결한다. 아이들을 선별하기 위한 공정함이 목적이 아니고, 아이들이 가진 것들을 최대한 발현시키는 것이 목적이기 때문이다. 그리고 채점기준표를 아이들과 함께 공유한다. 채점기준표의 공유도 아이들의 능력을 최대한 발현하기 위한 가이드라인 역할을 하는 것이다.

종이로 해결하는 수행평가는 수업에 들어오기 어렵다. 수업에 들어올 수 없으면 아이들의 의미 있는 성장 발달 장면을 담아내지 못한다. 수행평가가 역량을 보고 키우는 역할을 하기 위해서는 수업디자인 관점에서 접근하고 일상 수업에서 루틴화하여 활용할 수 있어야 한다.

순도 100% 배움, 피드백

피드백으로 늘어나는 수업 배움의 총량

대한민국에는 약 23만 개(초·중·고 합계)가 넘는 학급이 있다. 매시간 23만 개가 넘는 수업이 이루어지고 있는 셈이다. 23만 개라는 많은 숫자의 수업이 이루어지고 있지만 1개의 수업에서 생기는 아이들의 배움 총량의 합은 모든 수업이 유사할 것이다. 수업에 영향을 미치는 변수(교과서라는 전국 공통의 교재, 유사한 방법들을 활용한 수업, 비슷한 규모와 공간에서 이루어지는 물리적 구조, 학생의 참여 태도 등)가 유사하기 때문이다.

하지만 이 많은 숫자 중에서도 아이들에게 많은 배움을 주는 수업이 있고, 그렇지 못한 수업도 분명히 있다. 이 차이를 결정하는 요인 중 하나가 피드백이다.

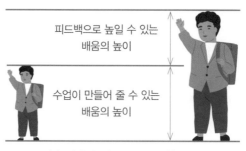

〈피드백이 만들어 줄 수 있는 배움〉

　수업은 일반적으로 중간 수준 아이를 기준으로 준비된다. 이로 인하여 하위 수준 학생은 내용이 어려워 배움에 지장이 있을 수 있고 상위 수준 학생에게는 너무 쉬운 내용으로 배움이 없을 수도 있다. 이 문제를 해결해 줄 수 있는 것이 피드백이다. 아이들의 학습 과정을 진단하고 각자의 수준에서 조금 더 끌어올릴 수 있는 피드백을 해줄 수 있으면 아이마다 자신에 맞는 배움을 추가로 얻어갈 수 있을 것이다.

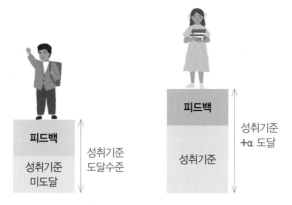

〈배움의 깊이를 더해주는 피드백〉

위 그림과 같이 아이들 각자의 수준에 맞는 피드백이 주어진다면 이 수업에서 일어나는 배움의 총량은 기존 수업의 양보다 훨씬 많아질 것이다.

못하는 아이들을 도와주는 것만이 피드백이 아니다. 잘하는 아이들에게 도전과제를 제시하고 더 잘할 수 있도록 하는 피드백도 필요하다. 성취기준과 연계된 심화 된 내용, 생활에 활용할 수 있는 과제 등을 제공하여 문제해결력을 키워줄 수 있다. 또는 하위 수준 학생의 또래 도우미 역할을 부여하여 책임감과 리더십, 의사소통, 협업 능력 등을 키워주는 정의적 피드백도 함께 제공할 수 있다.

이와 같이 피드백은 잘하고 못한다는 이유로 배움에 소외되었던 아이들 각자에게 꼭 필요한 배움을 채워줄 수 있다. 피드백을 통하여 주고받은 배움은 수업을 통해서 얻은 순도 100% 배움이다.

이를 통해 한 교실에서 만들어지는 배움의 총량은 훨씬 커질 것이다. 더불어 수업 또한 더 크고 넓은 배움이 일어나게 될 것이다.

평가 프레임 속 피드백을 꺼내 수업 프레임 안으로

피드백은 주로 평가에서 다루는 교육 용어이다. 목적은 학생의 성장과 발달이다. 평가가 끝난 뒤 채점 후 학생 수준 진단과 앞으로 더 잘하기 위한 정보를 제공하는 것, 이 두 가지가 흔히 알고 많이 해오던 피드백 방식이었다. 안타깝게도 이러한 방식의 피드백은 아이들의 성장과 발달에 별 도움이 되지 않는다. 수준 진단과 단순 정보 제공(앞으로 이런 걸 더 해봐)의 피드백은 아이들을 적극적으로 고쳐주고 키워주는 역할이 아닌 교사로서 아이들에게 해야 할 최소한의 것만 하는 것이라 볼 수 있다.

원인은 그동안의 피드백을 평가 프레임 속에서만 가두어두었기 때문이다. 평가가 이루어진 뒤 아이들의 점수나 수준을 진단하고 마지막으로 정보를 제공하고 끝…. 그리고 또 다음 학습이 시작되는 순서로 교육과정이 운영된다. 피드백이 성장과 발달이라는 본래의 기능을 충실히 하기 위해서는 진단과 정보 제공만의 피드백이 아닌 교사가 직접 고쳐주고 치료해줄 수 있는 피드백을 해주어야 한다. 어디가 아픈지 바로 확인하고, 왜 아픈지 진단해주고, 꼭 필요한 약을 주고 고쳐줄 수 있는 역할을 해야 한다는 것이다. 아이들을 고쳐주고 치료해주는 일은 많은 시간과 노력이 필요하다. 물론 수업이 끝난 뒤 아이들을 남겨두고 다시 가르쳐주고 고쳐주는 피드백을 할 수도 있지만, 이는 과거 추억의 교실 장면에서나 가능하다. 지금의 교실은 수업이 끝난 후 교사나 학생 모두 할 일이 너무 많다.

이를 해결하기 위해 피드백을 평가 프레임 속에서 꺼내어 수업 프레임 안에 넣어야 한다. 고쳐주고 치료해주는 피드백 본연의 역할을 수업 시간 안에 해야 한다는 것이다. 물론 쉬운 일은 아니지만, 조건은 갖추어져 있다. 과정중심평가를 통하여 수업 중 성취기준의 고비 지점마다 평가하면 아이들의 상태가 보인다. 누가 지금 고비 지점을 넘고 있는지,

아니면 넘지 못하고 있는지 확인이 가능해진다. 이때 고비를 넘지 못하는 아이들을 수업 중에 손잡아 주고 넘을 수 있는 디딤돌을 놓아주는 것이 수업 중 이루어지는 피드백이다. 물론 이러한 피드백은 쉬운 일이 아니다. 교사 한 명이 모든 아이를 1 : 1로 보면서 피드백한다는 것은 물리적으로도 불가능하다.

그래서 피드백을 수업디자인 관점에서 접근할 필요가 있다. 수업 디자인 관점에서 접근하면 수업의 어느 시점에 어떤 방법으로 피드백을 활용할지가 드러난다. 이를 통하여 피드백을 수업 중 이루어지는 일상적 활동으로 루틴화하여 활용할 수 있다.

수업 중 피드백을 할 수 있는 가장 기본적인 방법은 모둠 도우미 활동이다. 이질 집단별로 모둠을 구성하여 학습과제를 이른 시간 안에 해결한 아이들이 배움이 느린 아이들의 학습을 도와주는 기본적인 방법이 있다. 다른 방법으로 직소(jigsaw)를 활용할 수 있다. 과정 중 평가를 통하여 아이들의 성취수준을 2~3단계로 분류한 후 동질집단으로 모둠을 재조직한다. 그리고 재조직된 모둠에 수준에 맞는 피드백 활동을 제시할 수 있다. 가장 하위 모둠에 교사가 직접 아이들을 지도할 수 있고 중위 수준 모둠에는 상위 수준 학습을 위한 도전과제, 상위 수준 모둠 학생들에게는 생활 속에 활용하는 과제, 심화 과제 등으로 피드백을 제시할 수 있다.

다음은 필자가 수업 중 피드백이 이루어질 수 있도록 자주 활용하는 수업 방법이다. 수업 과정 중 이루어지는 평가와 연계하여 개별평가(1

차) → 생각모음판에 개별평가 모으기 → 모둠별 돌아가면서 자기 생각 설명하며 토의하기(또래 피드백) → 다시 개인별 평가하기(재평가-2차) 의 순서로 수업과 평가, 피드백을 일체화하여 수업을 진행한다.

수업주제: 각의 크기에 따른 삼각형의 특징

	여러 가지 삼각형을 관찰한 후 각의 크기에 따라 삼각형의 특징 분류하는 1차 평가가 이루어지고 있다.
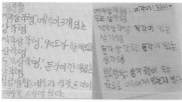	학생의 포스트잇에 쓴 평가 결과이다. 이 중 한 명이 예각삼각형을 예각이 있는 삼각형이라 답을 썼다.
	수업 중 피드백의 핵심 활동이다. 서로 작성한 포스트잇을 생각 모음판에 붙여놓고, 각자의 생각을 돌아가면서 이야기한다. 이 과정이 잘못 생각한 학생에게 피드백이 될 수 있는 활동이다.
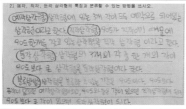	앞의 과정이 긍정적 피드백으로 작용하여 2차 평가에서 예각삼각형의 특징을 올바르게 작성하였다.

블렌디드 평가
(원격수업 체제의 평가)

코로나 19로 인한 원격수업은 평가 방식 또한 바꾸게 하였다. 학생들의 등교수업 횟수가 현저히 줄어들게 되면서 과거와 같은 횟수로 평가를 하는 것이 불가능하게 되었다. 이에 따라 교육부는 "감염병 상황에서는 평가를 실시하지 않을 수 있다."는 훈령까지 발표하게 되었다. 코로나19로 인하여 등교 횟수가 현저히 줄어들고 정상적인 교육과정 운영이 불가능한 상황에서는 기존 방식의 평가 운영이 어렵게 된다.

그러나 평가가 어렵고 축소된 것은 학생들의 성적 산출 및 생활기록부 기록을 위한 지필평가나, 평가계획에 들어가고 정보공시에 포함되는 수행평가처럼 행정 처리되는 형식적인 평가에만 해당하는 것이다. 오히려 학생들의 성장과 발달을 목적으로 하는 비공식적인 평가는 원격수업으로 인한 다양한 에듀테크의 특성으로 미래형 평가 체제에 더 빠르게 다가갈 수 있게 되었다.

기존의 평가는 교실이라는 공간과 수업 중 특정 시점이라는 한정된 시간과 공간에서 이루어질 수밖에 없었다. 이로 인하여 교수·학습에서 평가가 가진 역할과 기능은 한정적으로 제한될 수밖에 없었다. 그러나 원격수업에서 활용하고 있는 구글 G-suite, 클래스팅, 온라인클래스 등은 온라인 공간에서 각 툴마다 제공되는 평가 설계 기능으로 시공을 초월하여 학생들의 학습 과정을 점검하고 진단할 수 있다. 또한 평가 후 학생들의 데이터를 즉시 일목요연하게 데이터화할 수 있는 기능을 활용한다면 학생 맞춤형 개별화 교육도 이루어질 수 있다.

피드백 또한 기존 평가의 한계를 넘어설 수 있다. 원격 학습 자료는 무한 반복하여 재생·활용할 수 있다. 이 장점을 활용하여 앞에서 언급한 학생 개인별 특성을 찾아내고 맞춤형 다양한 원격 학습 자료를 제공한다면 피드백의 효과가 배가 될 수 있다.

그러나 원격수업은 학생이 평가에 참여했다는 것을 직접 관찰하지 못함으로 인하여 발생할 수 있는 공정성의 문제와 대면을 통한 교감을 통하여 평가해낼 수 있는 정의적 영역 평가에 대한 한계를 갖고 있다. 이러한 문제점을 해결할 수 있는 기존의 평가 방식과 온라인에서 이루어지는 평가의 특징을 다음 표를 참고하여 파악하고 각 평가의 장단점을 혼합한 블렌디드형 평가가 이루어진다면 학생의 성장과 발달을 위한 교수·학습에서 평가의 역할이 부각될 수 있으며, 이는 곧 미래형 평가 체제에 다가갈 수 있다.

		온라인 평가	오프라인 평가
평가 시기		원격수업 중 실시	등교수업 중 실시
평가 방법		온라인 콘텐츠 학습 후 개념이해 확인 온라인 과제 결과물 평가	온라인+오프라인 학습요소 종합 평가
평가 영역	인지	기억, 이해 학습요소	고차적 사고 요구
	정의	설문지, 체크리스트 등을 통하여 가치·태도 평가	과제 수행 시 참여도, 흥미, 참여 태도 요소 평가
	협력	클라우드(공유문서) 기능 활용	등교수업 시 공동 과제 수행 (예: 역할극 등)
평가 도구		온라인 학급방 평가 기능, 패들렛, 카훗, 설문지(구글, 네이버 폼) 등	기존 평가도구
과정중심평가 연계		성취기준 이수 과정 중 주요 학습요소 온라인 평가로 활용	성취기준 도달 정도 평가
기록		불가 학생 수행 확인 시만 가능	가능
피드백 방법		댓글, 1:1 채팅, 직접 언급(줌) 콘텐츠 다시보기, 학생 개인별 학습현황 맞춤형 과제	온라인 평가 결과 병행 피드백

〈온라인 평가와 오프라인 평가〉

에필로그

원격수업, 학교 공간 재구조화, 교육생태계 확장 등 교육과 관련된 다양한 방면에 걸쳐서 미래교육에 대한 담론들이 형성되고 있다. 이와 더불어 공식 교육과정 문서에서 역량 기반 교육과정에 대한 중요성이 부각되고, 교육과 관련된 모든 연수에서 4차산업 혁명, 역량교육에 대한 내용이 홍수같이 쏟아져 나오고 있지만, 이를 실제 학교 교실에서 바로 구현해낼 수 있는 현실적인 내용은 찾기 힘들었다.

이제는 더 이상 역량교육에 대한 중요성을 어필하는 방식의 내용은 교사들에게 큰 의미가 없다. 이를 구체적으로 구현하기 위한 실천 가이드를 제시할 수 있어야 한다.

이를 위해 미래사회에 살아갈 학생들에게 꼭 필요한 역량을 키워줄 수 있는 '역량중심수업'과 '교사 교육과정', 그리고 이를 실천할 수 있는

'수업루틴' 만들기를 이 책에서 다루었다.

그간 초등학교 교사부터 유치원, 중학교, 고등학교 교사까지 전국의 많은 선생님과 이야기를 나누면서 함께 고민한 것을 바탕으로 완성된 내용이다. 이 책을 통하여 미래사회에 필요한 역량을 키워줄 수 있는 선생님만의 교육과정을 만들고, 수업과 평가로 구현해 낼 수 있는 교사가 되길 바란다.

참고문헌

교육부(2019). 교육과정 및 자유학기 연구학교 운영을 위한 학교 교육과정 편성·운영 길잡이.

교육부(2015). 2015 개정 교육과정 초 중등 교육과정 총론.

교육부(2015). 2015 개정 교육과정에 따른 평가기준.

경기도교육청(2020). 2020학년도 교육과정 편성 운영 도움자료.

경상남도교육청(2020). 2020학년도 교육과정 편성 운영 도움자료.

경상남도교육청(2019). 교사 수준 교육과정: 실천편. 장학자료.

경기도교육청(2019). 2019학년도 논술형평가 예시자료.

김영은, 이문복, 이정찬, 안지연(2019). 학생 역량 강화를 위한 초학문적 융합 수업 현장 실행 연구. 한국교육과정평가원 연구자료, 2019-4.

박혜영, 김성숙, 김경희, 이명진, 김광규, 김지영(2019). 수업-평가 연계 강화를 통한 서논술형평가 내실화방안. 한국교육과정평가원 연구자료, 2019-6.

백남진, 온정덕(2014). 역량기반 교과 교육과정에서 기준과 수행의 의미. 교육과정연구, 32(4), pp.17~46.

소경희(2007). 학교교육의 맥락에서 본 "역량(competency)"의 의미와 교육과정적 함의. 교육과정연구, 25(3), pp.1~21.

이은혜, 박인우(2017). 수업코칭, 수업장학, 수업컨설팅에 대한 개념적 분석. 한국교육공학회 교육공학연구, 33(1), pp.105~135.

차조일, 강대현(2019). 교과 역량에 기초한 사회과 성취기준 재구조화 연구. 시민교육연구, 51(3), pp.121~150.

한혜정(2017). 2015 개정 교육과정의 핵심역량 함양을 위한 초중학교 교육과정 설계 방안 연구, 한국교육과정평가원 연구보고. RRC, 2017-2.

OECD(2018). The future of education and skills: Education 2030. Position Paper.

수업 잘하는 교사는
루틴이 있다

2020년 12월 10일 초판 1쇄 발행
2023년 7월 1일 초판 6쇄 발행

지은이 | 유영식
펴낸이 | 이형세
책임편집 | 윤정기
교정교열 | 박민창
디자인 | 권빛나
제작 | 제이오
펴낸곳 | 테크빌교육(주)
주소 | 서울시 강남구 언주로 551, 프라자빌딩 5층/8층
전화 | 02-3442-7783(333)
팩스 | 02-3442-7793
ISBN | 979-11-6346-104-3 03370